Découvrez des Jeux Gratuits en Ligne

Disponible Ici :

BestActivityBooks.com/FREEGAMES

5 ASTUCES POUR DÉMARRER !

1) COMMENT RÉSOUDRE LES MOTS MÊLÉS

Les puzzles sont dans un format classique :

- Les mots sont cachés sans espaces, tirets, ...
- Orientation : Les mots peuvent être écrits en avant, en arrière, vers le haut, vers le bas ou en diagonale (ils peuvent être inversés).
- Les mots peuvent se chevaucher ou se croiser.

2) UN APPRENTISSAGE ACTIF

Un espace est prévu à côté de chaque mots pour noter la traduction. Pour favoriser un apprentissage actif un **DICTIONNAIRE** à la fin de cette édition vous permettra de vérifier et étendre vos connaissances. Cherchez et notez les traductions, trouvez-les dans le Puzzle et ajoutez-les à votre vocabulaire !

3) MARQUEZ LES MOTS

Vous pouvez inventer votre propre système de marquage. Peut-être en utilisez-vous déjà un ? Sinon, vous pourriez, par exemple, marquer les mots qui ont été difficiles à trouver d'une croix, ceux que vous avez aimés d'une étoile, les mots nouveaux d'un triangle, les mots rares d'un diamant, etc...

4) STRUCTUREZ VOTRE APPRENTISSAGE

Cette édition vous offre un **CARNET DE NOTES** très pratique à la fin du livre. En vacances ou en voyage ou à la maison, vous pouvez facilement organiser vos nouvelles connaissances sans avoir besoin d'un second bloc-notes !

5) VOUS AVEZ FINI TOUTES LES GRILLES ?

Allez à la section bonus **CHALLENGE FINAL** pour trouver un jeu gratuit à la fin de cette édition !

Simple et Rapide ! Découvrez notre collection de livres d'activités pour votre prochain moment de détente et **d'apprentissage**, à juste un clic de distance !

Trouvez votre prochain défi sur :

BestActivityBooks.com/MonProchainLivre

À vos marques, prêts... Partez !

Saviez-vous qu'il existe environ 7 000 langues différentes dans le monde ? Les mots sont précieux.

Nous aimons les langues et avons travaillé dur pour créer les livres de la plus haute qualité pour vous. Nos ingrédients ?

Une sélection des thématiques d'apprentissage adaptée, trois belles parts de divertissement, puis nous ajoutons une cuillère de mots difficiles et une pincée de mots rares. Nous les servons avec soin et un maximum de plaisir pour vous permettre de résoudre les meilleurs jeux de mots mêlés qui soient et d'apprendre en vous amusant !

Votre avis est essentiel. Vous pouvez participer activement au succès de ce livre en nous laissant un commentaire. Nous aimerions vraiment savoir ce que vous avez préféré dans cette édition !

Voici un lien rapide qui vous mènera à la page d'évaluation de vos commandes :

BestBooksActivity.com/Avis50

Merci pour votre aide et amusez-vous bien !

De la part de toute l'équipe

1 - Été

```
E S T R E L L E S X N P S M
R U B M V A C A N C E S F Ú
K N U M E V I A T G E F G S
S X S L C N E D A R F R K I
O Y S F V Y J Q H Ç K N D C
M C E F U I F A M Í L I A A
L L I B R E S C R H A Q E D
U V G O I G E À F U M X G E
L S Ç P I A F M A R I J R C
Q L R L B D F P J O C S Q L
R E L A X A C I Ó A S E T B
C M D T Y I B N C P R D V C
B O B J E M G G I O B D P G
C A S A N D À L I E S N Í W
```

AMICS
CÀMPING
ESTRELLES
FAMÍLIA
JARDÍ
JOCS
GOIG
LLIBRES
OCI
MAR

MÚSICA
NEDAR
MENJAR
PLATJA
BUSSEIG
RELAXACIÓ
SANDÀLIES
VACANCES
VIATGE

2 - Adjectifs #2

```
H V B Z I P I F H K L U F S
E R J E L E G A N T B B I A
Z T L I J Y G M X V H Q N L
R P Q A B O A Ó N X D J T U
M E Ç D H O F S M O A N E D
P O S E C R E A T I U N R A
O R J P U R Q L P T T A E B
T G O Q O D D A R R È T S L
E U R D G N N T I V N U S E
N L W O U R S F O R T R A E
T L D T I C B A N V I A N G
U Ó Y A Y N T P B B C L T Ç
J S F T U C I I E L O U S V
D R A M À T I C U S E C V Ç
```

AUTÈNTIC	NATURAL
FAMÓS	NOU
CREATIU	PRODUCTIU
DOTAT	POTENT
DRAMÀTIC	PUR
ELEGANT	RESPONSABLE
ORGULLÓS	SALUDABLE
FORT	SALAT
INTERESSANT	SEC

3 - Exploration

```
R  I  S  C  O  S  N  K  T  O  D  G  D  W
S  X  X  A  S  L  O  Q  N  P  E  D  E  V
V  K  V  N  L  A  U  G  L  X  T  E  S  I
M  Y  V  I  L  V  L  A  L  E  E  S  C  A
Ç  P  L  M  U  T  A  C  E  A  R  C  O  T
E  K  B  A  N  W  C  T  N  A  M  O  B  G
C  S  G  L  Y  D  O  I  G  P  I  N  R  E
U  T  P  S  À  Y  R  V  U  E  N  E  I  H
L  E  M  A  U  J  A  I  A  R  A  G  M  C
T  R  L  R  I  V  T  T  I  I  C  U  E  E
U  R  B  I  I  K  G  A  B  L  I  T  N  R
R  E  V  I  V  M  E  T  L  L  Ó  N  T  C
E  N  Q  D  E  M  O  C  I  Ó  M  Ç  U  A
S  Y  K  O  Ç  B  A  H  N  S  Y  O  A  E
```

ACTIVITAT	DESCONEGUT
ANIMALS	LLENGUA
CORATGE	LLUNYÀ
CULTURES	NOU
RISCOS	PERILLÓS
DESCOBRIMENT	CERCA
DETERMINACIÓ	SALVATGE
ESPAI	TERRENY
EMOCIÓ	VIATGE

4 - Formes

```
S  C  H  E  Z  O  U  T  V  C  C  V  U  U
S  E  U  V  S  V  U  P  U  I  A  O  F  Ç
V  R  Ç  W  Z  F  G  G  Ç  L  N  R  H  P
J  C  U  B  Q  M  E  P  V  I  T  E  I  I
W  L  F  N  T  C  C  R  H  N  O  S  P  R
C  E  F  R  M  I  H  O  A  D  N  D  È  À
T  O  P  R  I  S  M  A  N  R  A  U  R  M
L  L  R  O  O  M  U  R  R  E  D  P  B  I
C  Í  E  B  V  E  O  C  B  F  A  J  O  D
O  N  L  J  A  R  E  C  T  A  N  G  L  E
S  I  K  M  L  G  W  B  J  S  W  Z  A  T
T  A  X  R  K  R  S  Q  U  A  D  R  A  T
A  C  H  R  Q  D  E  L  ·  L  I  P  S  E
T  H  C  G  C  P  O  L  Í  G  O  N  H  W
```

ARC
VORES
QUADRAT
CERCLE
CANTONADA
CORBA
CON
COSTAT
CUB
CILINDRE

EL·LIPSE
HIPÈRBOLA
LÍNIA
OVAL
POLÍGON
PRISMA
PIRÀMIDE
RECTANGLE
ESFERA

5 - Salle de Bains

```
T  B  E  V  T  J  S  L  D  I  Q  Q  B  L
I  A  S  O  X  D  G  W  N  X  M  U  V  O
S  N  P  C  T  O  V  A  L  L  O  L  A  C
O  Y  O  U  B  P  V  À  M  Ç  B  B  P  I
R  S  N  N  R  I  E  Q  T  K  C  O  O  Ó
E  H  J  M  X  C  M  R  O  E  C  M  R  Z
S  N  A  O  D  A  X  D  F  Z  R  B  A  K
O  I  F  Ç  Ç  K  A  U  J  U  U  O  F  A
A  I  X  E  T  A  M  T  U  Y  M  L  G  Q
A  V  Z  R  W  I  P  X  J  L  I  L  S  Z
S  Ç  Q  U  D  G  Ú  A  E  S  R  E  A  L
T  O  I  P  C  U  G  X  D  U  A  S  B  Z
C  A  T  I  F  A  R  E  C  M  L  K  Ó  N
P  P  H  T  U  M  Y  L  B  U  L  U  I  Z
```

BANY   PERFUM
BOMBOLLES   AIXETA
TISORES   SABÓ
DUTXA   TOVALLOLA
AIGUA   XAMPÚ
ESPONJA   CATIFA
PICA   VÀTER
LOCIÓ   VAPOR
MIRALL

6 - Adjectifs #1

```
U T O L A F W B J Ç O V A A
M U E X Ò T I C O X E H B C
I A B E N O R M E N I K S T
M M F H F X X A C Q I N O I
P B G Z O W G M C I F C L U
O I H O N E S T O T A I U K
R C G E N E R Ó S D I W T R
T I A R O M À T I C E U M F
A Ó I D È N T I C Ç P R I M
N S I N N O C E N T E Y N S
T P E R F E C T E B S L L M
O P Z H I W N H U A A E R L
X B J O V E X Ç T D T N H C
W Ç P Y L U A R T Í S T I C
```

ABSOLUT	HONEST
ACTIU	IDÈNTIC
AMBICIÓS	IMPORTANT
AROMÀTIC	INNOCENT
ARTÍSTIC	JOVE
ATRACTIU	LENT
BONIC	PESAT
EXÒTIC	PRIM
ENORME	MODERN
GENERÓS	PERFECTE

7 - Instruments de Musique

```
H  M  A  N  D  O  L  I  N  A  E  D  S  Z
P  A  N  D  E  R  E  T  A  V  B  H  Ç  Ç
P  T  R  T  A  M  B  O  R  I  A  D  N  D
S  I  R  M  V  B  C  B  X  O  N  Z  L  S
C  P  A  O  Ò  N  L  O  L  L  J  Y  M  S
A  G  U  N  M  N  M  È  M  Í  O  H  B  H
T  B  C  E  O  B  I  P  C  K  V  H  I  V
L  R  P  S  X  I  Ó  C  L  M  T  Q  O  C
S  A  X  O  F  O  N  Z  A  F  A  G  O  T
G  U  I  T  A  R  R  A  R  L  T  O  J  Ç
R  D  G  Z  C  R  D  X  I  A  A  N  Ç  K
T  R  O  M  P  E  T  A  N  U  R  G  M  H
M  A  R  I  M  B  A  V  E  T  P  M  T  C
S  R  G  R  Q  V  D  D  T  A  A  D  W  I
```

BANJO	MANDOLINA
FAGOT	MARIMBA
CLARINET	PIANO
FLAUTA	SAXOFON
GONG	TAMBOR
GUITARRA	PANDERETA
HARMÒNICA	TROMBÓ
ARPA	TROMPETA
OBOÈ	VIOLÍ

8 - Échecs

```
Y R E P T E S W X L Z R X J
T J E L X S K M D D L C I U
T H D I A G O N A L B O G G
J N A H U P O T B L A N C A
Q O A W O P O N E N T C A D
X R C Z I U V E S M O U M O
H M X X Ç N Y G C K P R P R
F E X U B T A R P A S S I U
C S Z P Q S Y E I Z O W Ó Z
S A C R I F I C I Q D Q Y T
O Q Q G Q F R E I N A A F Q
E S T R A T È G I A B S K S
R P I W F O F I F Y W A N Z
T O R N E I G D W Y C Z A K
```

OPONENT	PASSIU
BLANC	PUNTS
CAMPIÓ	REINA
CONCURS	NORMES
REPTES	REI
DIAGONAL	SACRIFICI
JOC	ESTRATÈGIA
JUGADOR	TEMPS
NEGRE	TORNEIG

9 - Herboristerie

```
B  I  F  K  A  A  M  E  N  T  A  Y  E  T
E  N  O  C  L  K  W  K  S  I  V  Q  S  S
N  G  N  U  F  Y  V  Y  M  N  P  U  T  A
E  R  O  L  À  L  S  B  D  I  T  A  R  B
F  E  L  I  B  F  A  R  I  G  O  L  A  O
I  D  L  N  R  M  Ç  R  U  R  L  I  G  R
C  I  G  À  E  B  A  Ç  O  M  P  T  Ó  O
I  E  N  R  G  V  E  R  D  M  I  A  U  M
Ó  N  R  I  A  T  Y  Ç  D  I  À  T  J  A
S  T  F  A  J  A  R  D  Í  U  T  T  F  N
H  I  J  U  L  I  V  E  R  T  I  D  I  Í
S  A  F  R  À  L  F  L  O  R  O  X  K  C
L  A  V  A  N  D  A  G  T  B  S  J  S  P
H  R  V  X  B  Ç  L  Q  K  Y  D  A  V  H
```

ALL	LAVANDA
AROMÀTIC	MARDUIX
ALFÀBREGA	MENTA
BENEFICIÓS	JULIVERT
CULINÀRIA	QUALITAT
ESTRAGÓ	ROMANÍ
FONOLL	SAFRÀ
FLOR	SABOR
INGREDIENT	FARIGOLA
JARDÍ	VERD

10 - Véhicules

```
B  T  S  J  M  A  Z  I  Ç  X  Y  O  T  A
A  T  C  N  H  E  C  A  M  I  Ó  S  R  M
S  A  Q  I  E  I  T  Ç  C  M  Q  C  A  B
S  U  Z  O  L  A  R  R  C  K  V  A  S  U
A  T  A  X  I  V  A  O  O  P  Y  R  L  L
A  O  B  I  C  I  C  L  E  T  A  A  L  À
H  B  Z  V  Ò  Ó  T  E  T  X  M  V  A  N
Y  Ú  R  Z  P  U  O  T  G  U  O  A  T  C
W  S  N  H  T  C  R  B  X  Ç  T  N  C  I
C  Ç  Ç  C  E  N  O  F  A  M  O  A  H  A
D  Z  G  Z  R  U  X  F  E  R  R  I  T  U
K  U  P  N  E  U  M  À  T  I  C  S  D  L
S  C  O  O  T  E  R  S  U  B  M  A  R  Í
R  N  S  O  C  O  T  X  E  U  B  H  O  U
```

AMBULÀNCIA	MOTOR
AVIÓ	TRASLLAT
BARCA	PNEUMÀTICS
AUTOBÚS	BASSA
CAMIÓ	SCOOTER
CARAVANA	SUBMARÍ
FERRI	TAXI
COET	TRACTOR
HELICÒPTER	BICICLETA
METRO	COTXE

11 - Camping

```
C L L J M C A B I N A F J A
K Q L L L A C S C H Y M O K
O R Q A K Ç P N A V E U I C
D P O W N A C A N L X N N V
C O R D A T Ç T O Ç B T S F
H A M A C A E U A Z R A E S
B R R D A V P R X K Ú N C Ç
B O S C N E A A N J I Y T R
O H X P I N A L Q A X A E Q
C U V Z M T F E C S O A A H
R R G C A U J S R L L U N A
B O V Q L R J A P M A X O X
V S M Q S A B A R R E T B V
E Q U I P A M E N T E N D A
```

ANIMALS	FOC
AVENTURA	BOSC
BRÚIXOLA	HAMACA
CABINA	INSECTE
CANOA	LLAC
MAPA	LLANTERNA
BARRET	LLUNA
CAÇA	MUNTANYA
CORDA	NATURALESA
EQUIPAMENT	TENDA

12 - Conservation

```
C V A O R G À N I C S P E R
I O M M V E R D D A O E C E
C L N B B G A D J N S S O C
L U R T B I X L Z V T T S I
E N E V A J E O Z I E I I C
O T D N J M R N Z S N C S L
Z A U Y A V I S T D I I T A
G R I H T T H N J A B D E R
Q I R N F U U B A C L A M Ç
H À B I T A T R K C E E A K
K S U C L I M A A H I E V O
O G J X M G U P V L O Ó C M
Z A M J X U E D U C A C I Ó
Y Z P I B A C S A L U T J P
```

VOLUNTARI
CANVIS
CLIMA
CICLE
SOSTENIBLE
AIGUA
AMBIENTAL
ECOSISTEMA
EDUCACIÓ

HÀBITAT
NATURAL
ORGÀNIC
PESTICIDA
CONTAMINACIÓ
RECICLAR
REDUIR
SALUT
VERD

13 - Écologie

```
D M U N T A N Y E S M I S M
I I S O S T E N I B L E U A
N T V B X M V O X K F P P R
Y A O E S P È C I E L Y E Í
V N T N R E C U R S O S R Z
W A P U Q S E Q U E R A V O
F T R M R H I P V W A H I P
A U A I G A N T C U F P V P
U R F R E V L P A N T À È L
N A L B Z T W E N T G T N A
A L I Ç G S A R S Q V N C N
U H À B I T A T S A W N I T
V O L U N T A R I S Z Y A E
L H K V N R Y L C L I M A S
```

VOLUNTARIS	MARÍ
CLIMA	MUNTANYES
DIVERSITAT	NATURALESA
SOSTENIBLE	NATURAL
ESPÈCIE	PLANTES
FAUNA	RECURSOS
FLORA	SEQUERA
HÀBITAT	SUPERVIVÈNCIA
PANTÀ	VARIETAT

14 - Astronomie

```
G  L  W  V  Ç  K  W  A  G  N  P  Z  O  E
M  A  L  R  H  J  O  S  I  E  I  C  B  Q
Ç  E  L  U  H  F  H  T  T  B  S  O  S  U
I  O  T  À  N  T  G  E  Z  U  U  N  E  I
C  X  E  E  X  A  L  R  K  L  P  S  R  N
E  Ç  K  I  O  I  P  O  C  O  E  T  V  O
L  M  T  E  R  R  A  I  R  S  R  E  A  C
E  C  L  I  P  S  I  D  A  A  N  L  T  C
C  O  S  M  O  S  E  E  D  D  O  ·  O  I
P  L  A  N  E  T  A  M  I  L  V  L  R  P
A  S  T  R  Ò  N  O  M  A  A  A  A  I  O
S  O  L  A  R  T  M  A  C  M  F  C  J  P
U  N  I  V  E  R  S  V  I  M  Z  I  Y  P
O  W  D  Z  Z  F  N  D  Ó  H  G  Ó  M  B
```

ASTEROIDE	METEOR
ASTRÒNOM	NEBULOSA
CEL	OBSERVATORI
CONSTEL·LACIÓ	PLANETA
COSMOS	RADIACIÓ
ECLIPSI	SOLAR
EQUINOCCI	SUPERNOVA
COET	TERRA
GALÀXIA	UNIVERS
LLUNA	

15 - Types de Cheveux

```
G  Ç  G  B  P  C  A  L  B  N  E  G  R  E
R  S  U  A  U  R  C  O  L  O  R  T  T  R
U  F  G  B  J  J  I  O  N  D  U  L  A  T
I  Z  R  R  K  P  V  M  H  W  F  A  S  F
X  L  I  I  T  R  E  N  A  T  R  R  U  C
C  F  S  L  L  A  R  G  H  Z  J  R  K  O
G  K  J  L  Ç  H  U  X  I  X  J  I  L  U
T  I  S  A  L  U  D  A  B  L  E  S  V  M
Z  R  A  N  Y  C  N  P  R  M  G  S  J  H
O  N  O  T  X  P  B  L  A  N  C  A  M  M
C  H  Q  S  K  M  K  A  S  D  E  T  A  I
G  U  Ç  E  U  P  A  T  X  D  K  Z  R  O
K  Z  R  C  D  Y  G  A  Y  F  M  T  R  A
I  R  S  T  S  R  Í  N  X  O  L  S  Ó  G
```

PLATA	ARRISSAT
BLANC	GRIS
ROS	LLARG
RÍNXOLS	MARRÓ
BRILLANT	PRIM
CALB	NEGRE
COLOR	ONDULAT
CURT	SALUDABLE
SUAU	SEC
GRUIX	TRENAT

16 - Restaurant #1

```
P  K  P  G  E  H  M  G  W  O  P  I  F  M
A  L  P  P  P  J  L  E  G  C  O  N  J  E
B  G  A  N  I  V  E  T  N  O  L  G  C  N
O  Q  A  C  C  B  P  X  G  Ú  L  R  A  J
W  E  A  M  A  C  K  Z  D  B  A  E  M  A
R  G  L  F  N  A  P  J  C  L  S  D  B  R
E  N  ·  M  T  F  N  P  O  A  T  I  R  T
S  A  L  S  A  È  B  O  L  R  R  E  E  O
E  T  È  B  W  M  B  S  A  U  E  N  R  V
R  K  R  A  K  A  L  T  O  L  C  T  A  A
V  W  G  Ç  C  Z  K  R  F  Ç  U  S  Y  L
A  D  I  F  M  F  C  E  L  C  I  V  E  L
G  M  A  D  R  Q  X  S  I  J  N  E  B  Ó
C  A  I  X  E  R  W  H  X  B  A  H  V  F
```

AL·LÈRGIA	MENÚ
PLACA	MENJAR
BOL	PA
CAFÈ	POLLASTRE
CAIXER	RESERVA
GANIVET	SALSA
CUINA	CAMBRERA
POSTRES	TOVALLÓ
PICANT	CARN
INGREDIENTS	

17 - Mammifères

```
T H T T B O U E W V F L D B
G I R U Q V Q Ç L T F L C A
I K G V X E C Ç Q E A E G L
R W G R S L A W G B F Ó U E
A L M C E L N D O F Í A I N
F I D A I A G A R Ç A V N A
A Ç A V A B U Ç I V A Z E T
K G M A R L R T L R V J U C
G A T L L R Z Q · Z E B R A
Ç W M L U P S P L T X Q A T
C O I O T D R Y A I P A D W
I G C O N I L L E I Q C W I
U B O Ó O W I D G H E A U R
F Q F S P L V G L L O P Y X
```

BALENA	CONILL
GAT	LLEÓ
CAVALL	LLOP
GOS	OVELLA
COIOT	ÓS
DOFÍ	GUINEU
ELEFANT	MICO
GIRAFA	BOU
GORIL·LA	TIGRE
CANGUR	ZEBRA

18 - Sports

```
K  B  Z  N  M  X  L  T  I  G  V  K  R  C
G  E  I  J  O  C  G  X  E  Q  U  I  P  A
G  I  W  D  V  U  J  I  P  N  E  O  U  M
G  S  B  H  I  E  T  Q  M  B  N  Z  S  P
I  B  L  N  M  Z  S  L  A  N  Z  I  K  I
M  O  Z  B  E  B  W  K  V  T  À  U  S  O
N  L  Ç  Z  N  A  W  X  J  J  L  S  R  N
À  V  E  F  T  H  O  Q  U  E  I  E  Y  A
S  B  À  S  Q  U  E  T  G  S  M  S  T  T
T  N  E  D  A  R  B  G  A  T  R  G  H  A
I  G  O  L  F  N  L  Y  D  A  A  N  P  H
C  I  X  H  T  F  R  Ç  O  D  J  F  M  L
A  T  H  Q  E  C  G  K  R  I  T  J  N  B
L  J  C  V  I  Ç  Ç  À  R  B  I  T  R  E
```

ÀRBITRE	GIMNÀSTICA
ATLETA	HOQUEI
BEISBOL	JOC
BÀSQUET	JUGADOR
CAMPIONAT	MOVIMENT
EQUIP	NEDAR
GOLF	ESTADI
GIMNÀS	TENNIS

19 - Chocolat

```
Y  E  M  Y  A  D  C  A  C  A  U  E  T  S
C  A  L  O  R  I  E  S  U  C  R  E  E  A
E  F  Q  K  O  Z  B  L  E  D  O  L  Ç  B
R  C  F  Z  M  V  F  Q  I  X  M  M  W  O
E  C  A  R  A  M  E  L  W  C  Ò  L  U  R
C  I  V  C  C  H  T  N  B  O  I  T  N  R
E  M  O  Ç  A  S  I  Q  R  C  H  Ó  I  B
P  G  R  N  G  U  S  T  E  O  A  N  S  C
T  U  I  Ç  P  O  L  S  U  W  R  J  Ç  A
A  N  T  I  O  X  I  D  A  N  T  X  G  L
Ç  F  Q  N  R  H  A  M  A  R  G  T  Z  L
S  F  M  A  U  Q  U  A  L  I  T  A  T  E
E  A  R  T  E  S  A  N  A  L  K  F  Z  U
I  N  G  R  E  D  I  E  N  T  Ç  L  B  R
```

AMARG	EXÒTIC
ANTIOXIDANT	FAVORIT
AROMA	GUST
ARTESANAL	INGREDIENT
CACAUETS	COCO
CACAU	POLS
CALORIES	QUALITAT
CARAMEL	RECEPTA
DELICIÓS	SABOR
DOLÇ	SUCRE

20 - Mathématiques

```
X  L  V  X  M  R  D  C  J  H  M  X  Z  L
Ç  G  Y  K  D  E  C  I  M  A  L  T  G  L
C  E  Q  U  A  C  I  Ó  À  V  O  L  U  M
W  J  B  B  Ç  T  R  A  Q  M  S  C  A  R
I  N  L  Q  U  A  D  R  A  T  E  I  A  A
T  E  X  P  O  N  E  N  T  K  V  T  K  D
A  R  R  Z  U  G  E  S  F  E  R  A  R  I
D  N  I  Y  G  L  P  O  L  Í  G  O  N  E
Ç  X  G  A  X  E  F  R  A  C  C  I  Ó  T
Y  M  V  L  N  P  E  R  Í  M  E  T  R  E
S  U  M  A  E  G  E  O  M  E  T  R  I  A
Y  J  J  I  A  S  L  X  A  Q  A  U  R  V
Ç  U  P  I  S  I  M  E  T  R  I  A  M  Y
A  R  I  T  M  È  T  I  C  A  A  K  E  I
```

ANGLES	PERÍMETRE
ARITMÈTICA	POLÍGON
QUADRAT	RADI
DECIMAL	RECTANGLE
DIÀMETRE	SUMA
EXPONENT	ESFERA
EQUACIÓ	SIMETRIA
FRACCIÓ	TRIANGLE
GEOMETRIA	VOLUM

21 - Mythologie

```
G U R F G U E R R E R H I P
E L M O R T A L V C O E M J
L D À R T R A Z V O K R M L
O E G Ç W O W R R Q P O O L
S S I A I U P G Q Z L I R A
I A C C E B M H U S R T M
A S C U M R C N M A E I A P
G T R L O W I R C B K T L S
L R E T N G H A E D K E I F
I E A U S A Q Q T E T L T P
O T C R T J S J F U N I A X
Z U I A R T X O K J R C T Q
Ç W Ó E E E G Ç R S X A E K
L L E G E N D A I O G V C S
```

ARQUETIP

DESASTRE

CREACIÓ

CRIATURA

CREENCES

CULTURA

LLAMPS

FORÇA

GUERRER

HEROI

IMMORTALITAT

GELOSIA

LLEGENDA

MÀGIC

MONSTRE

MORTAL

TRO

22 - Restaurant #2

```
C A D I R A K L V C Ç O F E
O U S A L C A M B R E R O S
D O L V B K S L C B M U R P
E A T L V E R D U R E S Q È
L X P Y E B G D I N A R U C
I W F J S R Q U U O I A I I
C W A G M X A O D A G J L E
I R L M B F A R X A U D L S
Ó G S K A C Z R F H A D A K
S X O U K N F R U I T A U Ç
D Z P H A F I D E U S G I W
I G A R Y V V D Ç D P E I X
P B Y C G V P L A F Z L M N
P A S T Í S O P A R V X P W
```

BEGUDA
CADIRA
CULLERA
DINAR
DELICIÓS
SOPAR
AIGUA
ESPÈCIES
FORQUILLA
FRUITA

PASTÍS
GEL
VERDURES
FIDEUS
OUS
PEIX
AMANIDA
SAL
CAMBRER
SOPA

23 - Couleurs

```
N E G R E Q O V Z O Ç F O X
V E R M E L L W T T V J L J
M R O S A B B L A U M J S Q
P O C Z D R V E R D M G M Ç
G D S Ç F O R Y O P A X C V
U R Y P S Ú Q Ó N O G T F Q
S C I A N U C P J R E W N G
D A L S W B L S A P N O A N
N R B L A N C P I R T S T W
N M S È P I A E L A A P Z B
B E I X R B O K T D X B F S
Z S C P R N H I O B M B I S
Ç Í W A X T L S K B R L Z H
A J Y H Q I P H R M V U X B
```

BEIX   MARRÓ
BLANC   NEGRE
BLAU   TARONJA
CARMESÍ   ROSA
CIAN   VERMELL
FÚCSIA   SÈPIA
GRIS   VERD
GROC   PORPRA
MAGENTA

24 - Avions

```
T I A T E R R A T G E A N C
H R N D E S C E N S Q L F O
A L I F C A C T I B Ç T W N
T Q A P L K W L G X A U D S
P B H A U A V E N T U R A T
A A I O T L R Y F F Z A S R
M G S U R L A L T I T U D U
B L T S U M Z C P I X G I C
I O Ò Z A O F E I L L L R C
E B R W V T M L L Ó A R E I
N U I R I O G Z O M I Z C Ó
T S A O Q R M E T G R A C K
H I D R O G E N R K E I I G
C O M B U S T I B L E G Ó P
```

AIRE
ALTITUD
AMBIENT
ATERRATGE
AVENTURA
GLOBUS
COMBUSTIBLE
CEL
CONSTRUCCIÓ
DESCENS

DIRECCIÓ
TRIPULACIÓ
INFLAR
ALTURA
HISTÒRIA
HIDROGEN
MOTOR
PASSATGER
PILOT

25 - Aventure

```
L S K B P R E P A R A C I Ó
R E P T E S I Y D Ç U E L O
D G I F R L V N T Q Q K Ç P
I U I A I S L R U G Ç Y Y O
F R O A L J J E G S P P H R
I E M O L U Z X S E U U J T
C T H P Ó Y V B R A U A T U
U A G C S V I A T G E S L N
L T Q O A C T I V I T A T I
T N O U I E X C U R S I Ó T
A L I A N G V A L E N T I A
T X N A T U R A L E S A Z T
A A C D S O R P R E N E N T
I T I N E R A R I M Q M Y L
```

ACTIVITAT
BELLESA
VALENTIA
OPORTUNITAT
PERILLÓS
REPTES
DIFICULTAT
EXCURSIÓ
INUSUAL

ITINERARI
GOIG
NATURALESA
NOU
PREPARACIÓ
SEGURETAT
SORPRENENT
VIATGES

26 - Ville

```
H  F  Q  C  U  B  C  L  Í  N  I  C  A  E
O  L  S  I  N  F  A  R  M  À  C  I  A  S
T  O  E  N  I  Z  E  N  T  M  W  V  G  C
E  R  S  E  V  O  R  D  C  E  U  Ç  A  O
L  I  T  M  E  O  O  M  W  R  A  S  L  L
O  S  A  A  R  L  P  I  Ç  C  C  T  E  A
X  T  D  H  S  Ò  O  Y  H  A  S  R  R  U
Ç  A  I  I  I  G  R  I  B  T  J  A  I  E
T  U  O  K  T  I  T  F  L  E  C  A  A  H
Z  Z  E  X  A  C  K  N  V  Q  N  Ç  R  Ç
T  U  X  Q  T  F  Y  K  C  E  M  T  A  L
R  E  S  T  A  U  R  A  N  T  M  G  Y  W
L  L  I  B  R  E  R  I  A  T  Z  C  N  V
X  P  G  R  B  I  B  L  I  O  T  E  C  A
```

AEROPORT	LLIBRERIA
BANC	MERCAT
BIBLIOTECA	MUSEU
FLECA	FARMÀCIA
CINEMA	RESTAURANT
CLÍNICA	ESTADI
ESCOLA	TEATRE
FLORISTA	UNIVERSITAT
GALERIA	ZOOLÒGIC
HOTEL	

27 - Cuisine

```
G T J B R N Q M L S G B D X
R H O C U L L E R E S O A Ç
A E Y V G U U N T N R L V Z
E A C N A P S J A A J C A E
L Q I E E L K A S B M U N S
L Ç S U P V L R S F M L T C
A V J P O T E Ó E B P L A U
Ç U X V T K A R S X L E L R
E S P È C I E S A G E R R A
C O N G E L A D O R U O Q D
E S P O N J A E L S Z T R E
C B U L L I D O R B F O R N
F O R Q U I L L E S H L K T
O I G A N I V E T S Z A M S
```

ESCURADENTS	FORQUILLES
BOL	GRAELLA
BULLIDOR	CULLEROT
CONGELADOR	MENJAR
GANIVETS	POT
GERRA	RECEPTA
CULLERES	NEVERA
ESPÈCIES	TOVALLÓ
ESPONJA	DAVANTAL
FORN	TASSES

28 - Corps Humain

```
C  L  L  A  V  I  S  M  G  Y  P  X  F  Q
O  A  J  V  X  H  Z  I  E  A  E  I  T  E
L  N  P  C  O  L  Z  E  N  V  X  U  X  C
L  Q  Y  E  X  K  I  C  O  R  I  N  R  M
L  M  M  R  L  E  V  E  L  D  N  E  A  J
H  Ç  A  V  A  L  J  C  L  I  T  S  M  S
N  F  N  E  B  A  R  B  E  T  A  P  A  A
S  L  Ç  L  A  W  E  B  L  U  Z  A  N  N
O  R  E  L  L  A  S  C  B  R  F  T  D  G
B  O  C  A  H  T  A  S  M  À  L  Í  C
G  D  R  Y  H  A  Ó  R  K  E  U  L  B  T
U  E  A  U  X  L  M  A  U  L  H  A  U  R
V  Z  X  Z  O  L  A  P  U  L  H  G  L  Y
L  B  W  P  W  U  C  K  X  V  B  F  A  E
```

BOCA	LLAVIS
CERVELL	MÀ
TURMELL	MANDÍBULA
COLL	BARBETA
COLZE	NAS
COR	ORELLA
DIT	PELL
ESTÓMAC	SANG
ESPATLLA	CAP
GENOLL	CARA

29 - Épices

```
C E B A G R E Ç Ç O A L L F
S A L X Z L C B Ç H M Y P O
X A R N O U M O S C A D A N
W W F D M C S M M D R B C O
S T Y R A H Z E H Í G R U L
I N L O À M N I S A B O R L
Q Ç R W D X O J J G I T R C
K K M L Ç N W M E I P O I A
C O R I A N D R E N D O U N
F Q L Ç P C L J R G Ç S H Y
P E B R E V E R M E L L V E
J X S O B K Y Z K B H Z K L
A Í S R V E F Z R G I E L L
U J P K E D V T A E L C O A
```

AGRE
ALL
AMARG
ANÍS
CANYELLA
CARDAMOM
CORIANDRE
COMÍ
CURRI

FONOLL
GINGEBRE
NOU MOSCADA
CEBA
PEBRE VERMELL
PEBRE
SAFRÀ
SABOR
SAL

30 - Science

```
E F W M O L È C U L E S E O
A H B J I X X X H F E T V R
S W W Q K N H K C Ò N T O G
Z O J U O N E G P S K T L A
U F Y Í Y P D R F S Ç P U N
À T O M I Q A A A I U A C I
F Í S I C A G V M L P R I S
I B H C L X I E Ç O S T Ó M
S F N H I P Ò T E S I Í G E
E Q M S M F O A J S K C Y Q
Y V R P A M È T O D E U G U
L A B O R A T O R I I L A O
D A D E S Q X E S I S E O Q
E X P E R I M E N T S S I E
```

ÀTOM
QUÍMIC
CLIMA
DADES
EXPERIMENT
EVOLUCIÓ
FET
FÒSSIL
GRAVETAT

HIPÒTESI
LABORATORI
MÈTODE
MINERALS
MOLÈCULES
ORGANISME
PARTÍCULES
FÍSICA

31 - Chats

```
R Q L V F R S Q L R B H K G
R À P I D C A Ç A D O R S R
I X U Y D U L T Í M I D R Z
N Y R H K A V V O I G I Y C
D B P O C V A P O L W V A Ç
E J A Q T S T P D X Í E B I
P Ç U E A D G V E K G R B Y
E P E G Z V E J P X D T I N
N D P P A Q Z K C U R I Ó S
D Ç D O N N P Ç W U R T Q V
E O I J T U E D O R M I R X
N J Z Q X A F R F Ç Q Ç J M
T O A O V L I R O V Ç J U Ç
C Q Y J W C L W P E L L K T
```

CAÇADOR   INDEPENDENT
CURIÓS   POTA
DORMIR   POC
DIVERTIT   CUA
JUGANER   RÀPID
FIL   SALVATGE
BOIG   RATOLÍ
PELL   TÍMID
URPA

32 - Vêtements

```
V  P  C  Z  U  R  W  Y  C  P  Y  P  D  N
E  I  B  R  U  S  A  K  I  O  F  A  A  S
S  J  A  Q  U  E  T  A  N  L  A  N  V  A
T  A  U  P  A  C  P  X  T  S  L  T  A  N
I  M  B  K  N  O  V  S  U  E  D  A  N  D
T  A  T  A  G  L  Q  U  R  R  I  L  T  À
E  L  O  B  T  L  G  È  Ó  A  L  O  A  L
A  N  T  E  B  A  U  T  M  E  L  N  L  I
H  B  W  Q  G  R  A  E  G  J  A  S  J  E
E  A  R  K  Ç  E  N  R  N  S  P  K  X  S
H  R  A  I  P  T  T  E  X  A  N  S  M  K
I  R  D  D  C  Ç  S  E  S  J  N  N  O  T
Y  E  J  B  U  F  A  N  D  A  B  T  D  O
Z  T  P  P  K  C  A  M  I  S  A  R  A  R
```

POLSERA	FALDILLA
CINTURÓ	ABRIC
BARRET	MODA
SABATA	PANTALONS
CAMISA	SUÈTER
BRUSA	PIJAMA
COLLARET	VESTIT
BUFANDA	SANDÀLIES
GUANTS	DAVANTAL
TEXANS	JAQUETA

33 - Arts Visuels

```
B  C  A  O  B  R  A  M  E  S  T  R  A  E
O  A  R  Q  U  I  T  E  C  T  U  R  A  S
L  P  T  E  P  L  A  N  T  I  L  L  A  C
Í  I  I  G  A  C  E  R  À  M  I  C  A  U
G  N  S  U  F  T  A  N  N  C  M  M  R  L
R  T  T  I  O  O  I  V  Q  V  C  A  E  T
A  U  A  X  T  K  C  V  A  F  Q  L  Q  U
F  R  O  R  O  B  E  I  I  L  L  J  A  R
D  A  R  O  G  X  R  U  C  T  L  R  A  A
N  Z  J  X  R  I  A  G  C  B  A  E  U  Z
G  R  D  G  A  V  L  I  D  T  P  T  T  T
E  B  F  A  F  W  Q  A  N  L  I  R  P  Ç
X  Ç  J  X  I  J  F  Z  M  L  S  A  Ç  D
X  E  F  K  A  V  E  R  N  Í  S  T  P  C
```

ARQUITECTURA
ARGILA
ARTISTA
CERÀMICA
OBRA MESTRA
CAVALLET
CERA
GUIX
LLAPIS

CREATIVITAT
PINTURA
FOTOGRAFIA
PLANTILLA
RETRAT
ESCULTURA
BOLÍGRAF
VERNÍS

34 - Méditation

```
B R C O M P A S S I Ó A E B
O E L P X Q A T E N C I Ó D
N S A L N A T U R A L E S A
D P R P E R S P E C T I V A
A I E O B S E R V A C I Ó D
T R D Y X P B T B C Ç M Ç E
A A A B G X B U W C M O I S
O C T Ç O B K W N E E V V P
F I M Ú S I C A Q P N I R E
H Ó S I L E N C I T T M C R
G H À B I T S J G A A E A T
A G R A Ï M E N T C L N L C
E M O C I O N S F I G T M K
P O S T U R A V T Ó M K A H
```

ACCEPTACIÓ
ATENCIÓ
CALMA
CLAREDAT
COMPASSIÓ
EMOCIONS
DESPERT
BONDAT
AGRAÏMENT
HÀBITS

MENTAL
MOVIMENT
MÚSICA
NATURALESA
OBSERVACIÓ
PAU
PERSPECTIVA
POSTURA
RESPIRACIÓ
SILENCI

35 - Littérature

```
A N È C D O T A V F B E R M
N A C P C G X L A B L T I E
A R O N O V E L · L A E T T
L R M A N È A D J X K M M À
O A P N C E T I O C K A E F
G D A À L Z S I A U T O R O
I O R L U J P T C Z F S I R
A R A I S Q C O I L A E M A
O Ç C S I B H P P L I M A I
C H I I Ó B I O G R A F I A
U S Ó Z I K A E D I À L E G
Ç I Y U W Ç Z M B Y Y U K L
Ç Y L B I B K A C Z U W E Y
F I C C I Ó T R A G È D I A
```

ANALOGIA
ANÀLISI
ANÈCDOTA
AUTOR
BIOGRAFIA
COMPARACIÓ
CONCLUSIÓ
DIÀLEG
FICCIÓ
METÀFORA

NARRADOR
POEMA
POÈTIC
RIMA
NOVEL·LA
RITME
ESTIL
TEMA
TRAGÈDIA

36 - Nourriture #1

```
C D C T O N Y I N A G M Z L
E S A L P P A S T A N A G A
B O F O E Q Q U A V S D Q E
A P È V R B G C L V H U Q S
C A Y D A D O R F O S I C P
H A V I S F I E À I B X Q I
H J N F J Ç J U B L B A W N
B H A Y H V L O R K X Y F A
E D P F E O R K E C A R N C
U P L Y L L E T G T R G W S
E P S K Ç D L T A G S D T U
A M A N I D A A D X X J B C
L L I M O N A P U B M Q V I
L X H L A O Z T J Z H P V A
```

ALL	NAP
ALFÀBREGA	CEBA
CAFÈ	ORDI
CANYELLA	PERA
PASTANAGA	AMANIDA
LLIMONA	SAL
ESPINACS	SOPA
MADUIXA	SUCRE
SUC	TONYINA
LLET	CARN

37 - Jours et Mois

```
X K M K O D I M A R T S I F
L Q K Z Q S I S E T M A N A
D I M E C R E S P K E N T F
O C T U B R E T S Z S S Ç Y
D I L L U N S R E A B R I L
J U N Y W N O V E M B R E D
U D H U W B P J V A B T Q I
L I C A L E N D A R I R E J
I U R Ç G E N E R Ç M Ç E O
O M U L T O C A A Q H B W U
L E R D C H S X Q T I S L S
G N K E M D Ç T F E B R E R
J G D I V E N D R E S W Ç I
L E V A G J O X Q R Ç T J L
```

AGOST
ABRIL
CALENDARI
DIUMENGE
FEBRER
GENER
DIJOUS
JULIOL
JUNY
DILLUNS

DIMARTS
MARÇ
DIMECRES
MES
NOVEMBRE
OCTUBRE
DISSABTE
SETMANA
SETEMBRE
DIVENDRES

38 - Pirates

```
M C A P I T À O Y Q R F L B
T A V O L L E G E N D A P A
R X P Ç M D O L E N T Ç P N
E M E A Q O À N C O R A O D
S E R F T C N U K R W B S E
O N I T H E U E S P A S A R
R C L U Z À C C D K I L Q A
B K L L O R O I M E Y V C W
T R I P U L A C I Ó S R O M
O R Y L Q U O A I G E S V M
Ç D Q A Y V Y T G L K B A R
G H M T W Q D R N T L N Q Z
H Z Q J F S C I X X X A F L
G Z C A N P C U W D L J B Q
```

ÀNCORA
CAPITÀ
MAPA
CICATRIU
PERILL
BANDERA
ESPASA
TRIPULACIÓ
COVA
ILLA

LLEGENDA
DOLENT
OCEÀ
OR
LLORO
MONEDES
PLATJA
ROM
TRESOR

39 - Activités

```
A  H  C  F  C  À  M  P  I  N  G  P  B  H
R  A  V  O  S  D  Q  J  M  À  G  I  A  C
T  B  F  T  S  Y  S  H  Y  F  G  N  M  Z
E  I  K  O  C  I  I  N  A  S  X  T  M  W
S  L  V  G  H  K  R  L  E  C  T  U  R  A
A  I  R  R  W  Ç  R  D  M  E  U  R  U  L
N  T  J  A  R  D  I  N  E  R  I  A  D  G
I  A  O  F  P  L  A  E  R  À  C  F  X  E
A  T  C  I  E  G  O  M  Ç  M  Ç  A  Z  C
S  Z  S  A  S  Q  O  Y  Ç  I  C  I  Ç  K
B  B  K  O  C  Ç  F  P  A  C  M  U  C  A
D  U  N  D  A  E  O  X  T  A  I  A  E  R
J  W  Z  K  R  A  C  T  I  V  I  T  A  T
T  S  E  N  D  E  R  I  S  M  E  Z  H  U
```

ACTIVITAT	JOCS
ART	LECTURA
ARTESANIA	OCI
CÀMPING	MÀGIA
CERÀMICA	PINTURA
CAÇA	PESCAR
HABILITAT	FOTOGRAFIA
COSIR	PLAER
JARDINERIA	SENDERISME

40 - Fleurs

```
M  P  R  O  W  Y  O  G  P  K  Z  F  J  S
A  L  P  N  A  I  X  B  I  R  A  M  P  P
R  U  È  L  P  V  E  I  T  R  È  V  O  L
G  M  T  R  O  S  E  L  L  A  A  O  M  I
A  E  A  L  R  N  H  I  A  H  T  S  O  A
R  R  L  Q  Q  C  Z  I  V  U  U  U  O  I
I  I  A  S  U  R  B  G  A  I  L  T  Q  L
D  A  K  G  Í  O  O  E  N  A  I  L  L  S
A  I  C  C  D  B  R  S  D  X  P  S  F  X
A  H  I  B  I  S  C  S  A  Ç  A  U  Z  P
M  T  H  G  A  L  M  A  G  N  Ò  L  I  A
P  E  Ò  N  I  A  J  M  E  P  F  I  Z  A
L  L  L  I  R  I  S  Í  M  V  U  L  H  D
G  A  R  D  È  N  I  A  G  V  Y  A  F  W
```

RAM	ORQUÍDIA
GARDÈNIA	ROSELLA
HIBISC	PÈTAL
GESSAMÍ	PEÒNIA
LAVANDA	PLUMERIA
LILA	ROSA
LLIRI	GIRA-SOL
MAGNÒLIA	TRÈVOL
MARGARIDA	TULIPA

41 - Nourriture #2

```
T P O M A S L N N A B L A T
T V A R R Ò S N M M A N G O
L E F T O M À Q U E T S F W
A P I C A R I J Q T L X N N
L L Ç M G X O C O L A T A K
B À X C F K T I M L D B X C
E T B R Ò Q U I L A A W Z D
R A O E P P O L L A S T R E
G N L U H E D D F S J E S Z
Í Q E O F I R M W Ç Z Z G L
N B T D H X A N K G D F S J
I U C J Q D Ï C I R E R A C
A K B A D J M J W L V X G T
G J S S B C M I I X E V U W
```

AMETLLA	KIWI
ALBERGÍNIA	MANGO
PLÀTAN	OU
BLAT	PA
BRÒQUIL	PEIX
CIRERA	POMA
API	POLLASTRE
BOLET	RAÏM
XOCOLATA	ARRÒS
PERNIL	TOMÀQUET

42 - Océan

```
M C C M T Ç F F Q W Ç Y X B
E R O N E S S W D B A R C A
D A R G B L A O Ç A Z T L T
U N A P R K V T N L J U E O
S C L X H D P O P E I X S N
E E D M A R E E S N V O P Y
S A T A U R Ó S O A F M O I
N D N I T O M C S C L B N N
X Z H G X D T U O R R Q J A
T O R T U G A L Ç Z E E A W
F D O R N I X L G K S H S O
L O S T R A L R V Q F F C Q
Z F G A M B A A H Z V W P A
F Í T E M P E S T A V F I E
```

ANGUILA	MEDUSES
BALENA	PEIX
BARCA	POP
CORAL	TAURÓ
CRANC	ESCULL
GAMBA	SAL
DOFÍ	TEMPESTA
ESPONJA	TONYINA
OSTRA	TORTUGA
MAREES	ONES

43 - Remplir

```
X  B  P  M  V  X  G  S  I  Z  O  M  S  M
Q  S  U  L  C  L  E  H  D  G  Ç  W  G  I
D  F  D  T  R  L  R  X  C  B  B  E  E  M
R  Q  G  S  X  A  R  T  D  Z  V  P  S  O
D  G  T  V  R  A  O  W  U  C  S  A  A  U
K  T  O  Y  H  F  C  A  I  X  A  Q  F  R
C  U  B  E  L  L  T  A  Y  V  W  U  A  F
I  B  C  G  Ç  U  U  C  A  R  P  E  T  A
S  B  C  J  M  N  B  M  A  L  E  T  A  M
T  P  O  T  J  E  A  S  K  L  C  I  N  P
E  N  N  S  O  B  R  E  G  N  A  C  U  O
L  S  C  Y  S  D  R  P  G  M  R  I  D  L
L  P  A  U  V  A  I  X  E  L  L  U  X  L
A  U  M  Q  V  P  L  Q  L  Ç  S  J  F  A
```

BARRIL	SAFATA
CONCA	BUTXACA
CAIXA	POT
AMPOLLA	BOSSA
CARPETA	CUBELL
SOBRE	CALAIX
VAIXELL	TUB
CISTELLA	MALETA
PAQUET	GERRO

44 - Ballet

```
Q E C E A M Q M G H X U S L
M X O K S Q F I Ú U Z A A O
O P R O S T P N V S W S Ç I
T R E T A L I R B O I V D K
H E O A I N Q L A L T C I O
A S G U G E H C L O È O A R
B S R M O R Ç X L R C M U Q
I I A P Ç F A K A Q N P D U
L U F C X A O C R K I O I E
I Ç I R I T M E I G C S È S
T B A L L A R I N A A I N T
A S M Ú S C U L S C T T C R
T I N T E N S I T A T O I A
O G R X G E S T J Ç I R A M
```

BALLARINA
COREOGRAFIA
HABILITAT
COMPOSITOR
BALLARINS
EXPRESSIU
GEST
AGRACIAT
INTENSITAT

MÚSCULS
MÚSICA
ORQUESTRA
AUDIÈNCIA
ASSAIG
RITME
SOLO
ESTIL
TÈCNICA

45 - Fruit

```
G H Q R F H P M C Ç U B F J
U Q C P A R L A I F B R R N
A C F P H F À N R M V A P D
I K I W I N T G E T U G I Y
A P P W C E A O R A Ï M X A
B I R O Q C N T A P S Z P A
A N É A M T L L I M O N A L
R Y S D Z A W N M P M M P B
Q A S Q F R N V Y P E R A E
X D E W D I J Ç R I L E I R
A P C Z T N G V G H Ó K A C
A L V O C A T A R O N J A O
N W R C O Z M Y M Y C R N C
Y C U C G E R D R T O M J Q
```

ALBERCOC	KIWI
PINYA	MANGO
ALVOCAT	MELÓ
BAIA	NECTARINA
PLÀTAN	TARONJA
CIRERA	PAPAIA
LLIMONA	PRÉSSEC
FIGA	PERA
GERD	POMA
GUAIABA	RAÏM

46 - Surf

```
E  P  P  I  J  C  E  S  C  U  M  A  Ç  N
S  S  O  V  X  Ç  A  H  A  R  T  Ç  O  S
T  E  C  K  F  A  M  M  Ç  A  B  A  S  W
I  S  E  U  O  N  A  U  P  L  A  T  J  A
L  T  À  M  L  Ç  A  L  N  I  D  L  C  P
Q  Ó  E  W  S  L  D  T  X  E  Ó  E  I  O
T  M  W  Z  D  T  T  I  U  X  D  T  F  P
C  A  C  X  E  Q  H  T  T  U  A  O  U
S  C  E  V  P  F  X  U  J  R  B  Ç  R  L
T  E  M  P  S  V  C  D  D  E  A  X  Ç  A
R  Ç  C  Y  G  H  Q  S  I  M  D  J  A  R
K  U  R  K  D  I  V  E  R  S  I  Ó  L  G
P  Q  P  R  I  N  C  I  P  I  A  N  T  K
T  Y  Ç  N  E  V  E  L  O  C  I  T  A  T
```

DIVERSIÓ	ESCUMA
ATLETA	NEDAR
CAMPIÓ	OCEÀ
PRINCIPIANT	PLATJA
ESTÓMAC	POPULAR
EXTREM	ESCULL
FORÇA	ESTIL
MULTITUDS	ONA
TEMPS	VELOCITAT

47 - Technologie

```
R E C E R C A C B J Ç S P V
W G H P H Q Y À R F K O R I
Y E I V L Ç A M M I C R O E
B Y T E S H P E K G W D G G
S L N L V I A R X I U I R K
C U O B M X N A W A X N A J
M S E G U R E T A T J A M D
U I U K H G U C E H J D A I
S N S I D L O G C R L O R G
Q D K S B S K W U G N R I I
S U N D A D E S R K C E M T
B L H T J T W L S X O E T A
B K F Ç Y T G K O Ç E B M L
V I R T U A L E R C O C N Q
```

BLOG

CÀMERA

CURSOR

DADES

ARXIU

INTERNET

PROGRAMARI

MISSATGE

DIGITAL

BYTES

ORDINADOR

RECERCA

SEGURETAT

VIRTUAL

48 - Météo

```
K  S  C  S  I  Z  B  M  C  A  Ç  J  W  Z
C  S  E  C  N  H  R  D  O  L  G  I  A  T
T  E  N  H  Ú  S  I  I  C  N  I  F  K  Y
E  Q  L  U  V  C  S  M  D  E  S  M  V  T
M  U  T  R  O  A  A  V  O  H  Q  Ó  A  O
P  E  R  A  L  L  M  P  O  L  A  R  U  R
E  R  O  C  S  M  B  O  I  R  A  Ç  S  N
R  A  P  À  E  A  I  K  D  U  G  Z  W  A
A  E  I  H  C  V  E  N  T  U  O  I  O  D
T  E  C  I  N  U  N  D  A  C  I  Ó  Q  O
U  I  A  O  I  V  T  E  M  P  E  S  T  A
R  L  L  I  M  J  J  H  L  W  V  C  T  V
A  Ç  U  X  G  E  L  I  X  X  H  M  Q  O
C  V  Z  F  A  D  P  A  X  I  N  L  K  M
```

AMBIENT	HURACÀ
BRISA	POLAR
BOIRA	SEC
CALMA	SEQUERA
CEL	TEMPERATURA
CLIMA	TEMPESTA
GEL	TRO
INUNDACIÓ	TORNADO
MONSÓ	TROPICAL
NÚVOL	VENT

49 - Châteaux

```
L U I P R I N C E S A M A T
Q S Ç M E S C U T P D R R K
L T C M P F E U D A L P M Y
M H E D U E F X Y J D A A W
E S P A S A R M N J D L D E
J C A A R Ç I O E L A U U
R A R E G N E J B O A U R U
P V E F O R T A L E S A A N
R A T X W X C T E U M T N I
Í L Z A Z N O A O G U C G C
N L J M S S R X V R A C D O
C E S B U A O O O A R U R R
E R I K T V N U W Y L E A N
P Z Z D I N A S T I A L C F
```

ARMADURA
ESCUT
CAVALL
CAVALLER
CORONA
DRAC
DINASTIA
IMPERI
ESPASA
FEUDAL

FORTALESA
UNICORN
PARET
NOBLE
PALAU
PRÍNCEP
PRINCESA
REGNE
TORRE

50 - Randonnée

```
J  X  D  P  A  I  G  U  A  G  Q  K  K  N
P  A  R  C  S  G  B  P  O  L  U  Ç  N  C
E  J  J  S  C  X  K  E  C  D  S  I  P  Q
S  M  A  P  A  L  U  D  I  G  A  N  E  Q
A  B  O  T  E  S  M  R  M  C  L  A  N  S
T  E  W  P  M  M  U  E  E  Ç  V  T  Y  J
A  G  Ç  U  U  K  N  S  R  P  A  U  A  Z
J  N  I  T  W  A  T  W  A  Y  T  R  S  Ç
O  R  I  E  N  T  A  C  I  Ó  G  A  E  U
W  C  À  M  P  I  N  G  L  G  E  L  G  V
L  C  K  P  A  Y  Y  T  L  I  L  E  A  V
Y  Y  E  S  O  L  A  P  R  N  M  S  T  A
C  A  N  S  A  T  S  F  F  Y  Q  A  X  T
P  R  E  P  A  R  A  C  I  Ó  B  T  T  Ç
```

ANIMALS	TEMPS
BOTES	MUNTANYA
CÀMPING	NATURALESA
MAPA	ORIENTACIÓ
CLIMA	PARCS
AIGUA	PEDRES
PENYA-SEGAT	PREPARACIÓ
CANSAT	SALVATGE
GUIES	SOL
PESAT	CIMERA

51 - Meubles

```
Ç  S  W  O  H  C  A  H  A  M  A  C  A  H
L  A  J  N  D  U  U  R  W  X  M  O  J  R
L  L  I  B  R  E  R  I  A  P  X  R  O  S
E  S  C  R  I  P  T  O  R  I  Ç  T  C  N
V  P  R  E  S  T  A  T  G  E  S  I  O  C
L  E  P  F  U  N  F  M  M  N  Ç  N  I  O
L  Ç  S  U  Y  F  X  B  A  N  C  E  X  I
I  Ç  O  T  M  C  F  K  T  N  B  S  I  X
T  C  F  O  I  A  R  M  A  R  I  N  N  Í
F  B  À  N  R  D  D  Q  L  L  U  M  S  Q
T  P  Z  E  A  I  O  C  À  R  F  R  I  M
Q  F  I  M  L  R  P  R  S  E  W  W  C  Q
D  G  A  B  L  A  B  U  T  A  C  A  O  T
Q  C  A  T  I  F  A  D  G  X  V  Ç  B  Y
```

ARMARI	FUTON
BANC	HAMACA
LLIBRERIA	LLUM
ESCRIPTORI	LLIT
SOFÀ	MATALÀS
CADIRA	MIRALL
VESTIDOR	COIXÍ
COIXINS	CORTINES
PRESTATGES	CATIFA
BUTACA	

52 - Art

```
X S R H X I F R A V U I Q C
P U E S E N Z I L L C N I E
O R T H U M O R K Ç O S A R
E R R S A J R Q I D M P H À
S E A A T C R E A R P I G M
I A T P E R S O N A L R O I
A L A I M X M B H W E A R C
V I R N A U P U O T X T I A
I S I T S R A R N F G Ç G P
S M J U H Í K U E U Ç Z I H
U E K R H D M E S S M J N A
A H X E N C Y B T T S V A S
L X I S B D X U O K Z I L X
E S C U L T U R A L F F Ó W
```

CERÀMICA
COMPLEX
CREAR
RETRATAR
EXPRESSIÓ
XIFRA
HONEST
HUMOR
INSPIRAT
ORIGINAL

PINTURES
PERSONAL
POESIA
ESCULTURA
SENZILL
TEMA
SURREALISME
SÍMBOL
VISUAL

53 - Nutrition

```
T  C  L  S  A  B  O  R  U  O  A  P  S  D
O  O  Í  A  A  Q  M  A  P  E  T  I  T  I
X  M  Q  L  C  L  U  T  E  M  A  T  E  G
I  E  U  U  I  A  U  C  S  K  X  Q  S  E
N  S  I  T  N  J  L  D  I  E  T  A  P  S
A  T  D  Q  G  O  R  O  A  U  Ç  A  È  T
V  I  S  U  R  S  A  T  R  B  Q  Q  C  I
I  B  A  A  E  K  D  M  M  I  L  G  I  Ó
T  L  L  L  D  Z  O  S  A  V  E  E  E  H
A  E  S  I  I  G  A  N  W  R  Q  S  S  X
M  V  A  T  E  F  G  G  O  Ç  G  O  A  F
I  M  W  A  N  P  R  O  T  E  Ï  N  E  S
N  G  O  T  T  N  X  V  Y  B  D  H  D  L
A  Q  E  S  S  X  Y  T  R  F  P  D  D  C
```

AMARG	PES
APETIT	PROTEÏNES
CALORIES	QUALITAT
COMESTIBLE	SALUDABLE
DIETA	SALUT
DIGESTIÓ	SALSA
ESPÈCIES	SABOR
INGREDIENTS	TOXINA
LÍQUIDS	VITAMINA

54 - Science Fiction

```
I  J  G  R  T  E  C  N  O  L  O  G  I  A
M  I  S  T  E  R  I  Ó  S  S  Z  F  M  O
P  L  A  N  E  T  A  T  Ò  M  I  C  Ç  R
M  M  K  L  L  I  B  R  E  S  P  I  M  A
G  Ó  F  U  T  U  R  I  S  T  A  N  U  C
I  A  N  T  F  W  P  S  K  X  N  E  F  L
L  M  L  C  H  V  C  H  C  P  W  M  O  E
·  U  A  À  E  X  T  R  E  M  C  A  C  X
L  T  I  G  X  E  S  C  E  N  A  R  I  H
U  O  P  F  I  I  R  E  A  L  I  S  T  A
S  P  A  U  R  N  A  B  I  G  R  K  G  O
I  I  B  I  W  F  A  N  T  À  S  T  I  C
Ó  A  Q  V  R  L  A  R  O  B  O  T  S  C
Z  B  E  X  P  L  O  S  I  Ó  L  P  R  A
```

ATÒMIC	LLIBRES
CINEMA	MÓN
EXPLOSIÓ	MISTERIÓS
EXTREM	ORACLE
FANTÀSTIC	PLANETA
FOC	REALISTA
FUTURISTA	ROBOTS
GALÀXIA	ESCENARI
IL·LUSIÓ	TECNOLOGIA
IMAGINARI	UTOPIA

55 - Vertus #1

```
D  S  A  V  I  Q  E  Ç  K  R  E  A  M  I
O  C  R  I  Q  W  K  J  W  C  U  P  O  N
F  I  A  B  L  E  T  O  R  Ç  O  A  D  T
G  E  N  C  A  N  T  A  D  O  R  S  E  E
Z  M  O  D  R  O  D  B  K  C  O  S  S  L
P  A  C  I  E  N  T  É  R  U  B  I  T  ·
R  L  F  A  E  P  V  A  Ç  R  E  O  D  L
À  R  Q  J  R  F  E  Ú  T  I  L  N  I  I
C  Q  J  B  Z  T  I  N  U  Ó  W  A  V  G
T  C  U  G  R  J  Í  C  D  S  T  T  E  E
I  K  M  C  F  U  Q  S  I  E  W  W  R  N
C  D  E  C  I  S  I  U  T  E  N  E  T  T
G  E  N  E  R  Ó  S  B  S  I  N  T  I  J
I  M  A  G  I  N  A  T  I  U  C  T  T  S
```

ARTÍSTIC	INDEPENDENT
BÉ	INTEL·LIGENT
ENCANTADOR	MODEST
CURIÓS	APASSIONAT
DECISIU	PACIENT
DIVERTIT	PRÀCTIC
EFICIENT	NET
FIABLE	SAVI
GENERÓS	ÚTIL
IMAGINATIU	

56 - Professions #1

```
I  M  Ú  S  I  C  I  E  N  T  Í  F  I  C
C  A  R  T  Ò  G  R  A  F  N  F  Y  Q  P
B  A  L  L  A  R  I  N  A  T  V  H  Q  S
J  A  Ç  B  A  N  Q  U  E  R  W  C  W  I
E  A  R  A  M  B  A  I  X  A  D  O  R  C
U  D  D  B  D  M  C  K  I  Y  K  O  M  Ò
J  O  I  V  J  O  I  E  R  R  Y  O  S  L
W  I  B  T  O  R  R  S  C  B  E  X  Y  E
S  N  F  O  O  C  A  K  B  C  Y  R  G  G
G  C  Ç  C  P  R  A  E  B  O  M  B  E  R
V  P  I  A  N  I  S  T  A  X  N  L  Ò  F
L  A  M  P  I  S  T  A  K  P  I  C  L  H
A  S  T  R  Ò  N  O  M  E  T  G  E  E  O
O  W  I  N  F  E  R  M  E  R  A  X  G  W
```

AMBAIXADOR	GEÒLEG
ASTRÒNOM	INFERMERA
ADVOCAT	METGE
BANQUER	MÚSIC
JOIER	PIANISTA
CARTÒGRAF	LAMPISTA
CAÇADOR	BOMBER
BALLARINA	PSICÒLEG
EDITOR	CIENTÍFIC

57 - Géologie

```
C O N T I N E N T L S O J I
F Ò S S I L C C A L C I T
W F V D F O S A L V T R N Z
Q J Q W R H L L P A H E H O
U Ç W O J I Z T A A J S À N
M C O R A L F I W K E T C A
G A R G T C G P E D R A I A
A V D I U X Ç L Q Y O L D A
A E O U S È L À T R S A X R
O R Z Y I T I B O Q I C H Y
V N T Z Ç G A S Z U Ó T P U
Y A T Q B M I L E A C I Z T
M I N E R A L S L R J T L J
V O L C À I L B H S C A O E
```

ÀCID	GUÈISER
CALCI	LAVA
CAVERNA	MINERALS
CONTINENT	PEDRA
CORAL	ALTIPLÀ
CAPA	QUARS
CRISTALLS	SAL
EROSIÓ	ESTALACTITA
FOS	VOLCÀ
FÒSSIL	ZONA

58 - Cirque

```
B  Ç  E  K  S  M  B  D  C  V  D  E  M  M
G  I  N  M  P  U  H  E  T  L  I  S  I  Ú
L  T  T  M  A  G  D  S  M  J  S  P  C  S
O  I  R  L  L  E  Ó  F  A  A  F  E  O  I
B  G  E  C  L  C  O  I  L  C  R  C  B  C
U  R  T  T  A  E  I  L  A  R  E  T  W  A
S  E  E  C  S  W  T  A  B  Ò  S  A  B  A
Ç  X  N  X  S  O  E  D  A  B  S  D  D  L
N  E  I  U  O  O  N  A  R  A  A  O  B  S
V  B  R  E  F  Y  D  N  I  T  R  R  H  F
O  O  A  N  I  M  A  L  S  A  T  E  L  F
E  L  E  F  A  N  T  S  T  M  À  G  I  A
A  H  E  S  P  E  C  T  A  C  L  E  D  K
W  E  S  P  E  C  T  A  C  U  L  A  R  V
```

ACRÒBATA	MAG
ANIMALS	MÀGIA
GLOBUS	ESPECTACLE
BITLLET	MÚSICA
PALLASSO	DESFILADA
DISFRESSA	MICO
ENTRETENIR	ESPECTACULAR
ELEFANT	ESPECTADOR
MALABARISTA	TENDA
LLEÓ	TIGRE

59 - Jardin

```
W  P  F  G  J  A  G  O  O  M  Ç  H  B  C
O  R  A  S  C  L  E  T  E  S  T  A  N  Y
H  M  À  N  E  G  A  T  A  E  K  M  P  F
G  E  S  P  A  R  B  R  E  N  B  A  A  L
G  A  R  A  T  G  E  A  C  M  C  C  L  O
W  E  V  B  R  K  D  Ç  R  I  R  A  A  R
N  P  P  A  A  G  K  A  W  B  A  Z  S  V
H  X  D  N  M  V  I  N  Y  A  U  M  A  U
C  Ç  B  C  P  T  E  R  R  A  S  S  A  J
H  O  R  T  O  T  A  L  T  H  E  A  T  A
D  C  M  A  L  E  S  H  E  R  B  E  S  R
H  U  Z  Z  Í  K  Ò  G  G  W  E  L  C  D
O  C  L  J  G  M  L  J  E  V  I  M  J  Í
W  Ç  N  N  F  I  L  D  A  R  K  A  U  N
```

ARBRE	MALES HERBES
BANC	PALA
ARBUST	GESPA
TANCA	RASCLET
ESTANY	SÒL
FLOR	TERRASSA
GARATGE	TRAMPOLÍ
HAMACA	MÀNEGA
HERBA	HORT
JARDÍ	VINYA

60 - Barbecues

```
A S E C T P J Z O X Ç G A X
Ç O F L O O R Z T P T R M I
X P L Ç Ç L S A L S A A A H
F A L N W L S S C A L E N T
E R Ç E N A C I L S A L I L
S M X N G S P E B R E L D G
O Ú I S C T V I K Q Q A E A
V S C A F R M E S T I U S N
D I N A R E E L R L A L U I
S C N Q U J O C S D F A M V
E A E D I P M G W B U B B E
Z R X B T J F O J B J R X T
A W E F A M Í L I A Y R E S
M W V Q A T O M À Q U E T S
```

CALENT	JOCS
GANIVETS	VERDURES
DINAR	MÚSICA
SOPAR	CEBA
NENS	PEBRE
ESTIU	POLLASTRE
FAM	AMANIDES
FAMÍLIA	SALSA
FRUITA	SAL
GRAELLA	TOMÀQUETS

61 - Anniversaire

```
A  Ç  N  D  Y  J  I  T  G  G  T  H  F  K
V  M  D  H  I  O  T  A  R  G  E  T  E  S
S  J  I  X  G  V  A  N  A  S  C  U  T  A
C  I  Z  C  J  E  E  W  N  Z  C  G  I  V
A  E  X  U  S  G  G  R  E  G  A  L  N  I
L  S  L  D  I  A  Y  P  S  Z  N  D  V  E
E  S  P  E  L  M  E  S  S  I  Ç  B  I  S
N  F  W  C  B  F  E  L  I  Ç  Ó  F  T  A
D  R  A  M  F  R  E  S  P  E  C  I  A  L
A  Ç  N  Z  B  C  A  B  B  U  O  R  C  B
R  R  Y  P  L  X  S  C  O  S  R  W  I  F
I  A  L  E  G  R  E  S  I  H  U  G  O  A
P  A  S  T  Í  S  R  K  F  Ó  U  P  N  P
F  X  F  E  A  H  Ç  N  T  E  M  P  S  Z
```

AMICS	FELIÇ
DIVERSIÓ	INVITACIONS
ANY	JOVE
ESPELMES	DIA
REGAL	ALEGRE
CALENDARI	NASCUT
TARGETES	SAVIESA
CANÇÓ	ESPECIAL
CELEBRACIÓ	GRAN
PASTÍS	TEMPS

62 - Animaux de Compagnie

```
V  G  W  G  S  D  A  N  Z  U  C  Z  H  T
E  A  D  K  G  C  T  U  N  N  A  U  À  D
T  T  C  O  L  L  Y  T  U  Ç  B  R  M  S
E  E  O  A  Z  L  C  G  O  S  R  P  S  A
R  T  R  A  T  O  L  Í  A  D  A  E  T  R
I  P  R  T  X  R  P  E  D  T  V  S  E  G
N  S  E  Ç  X  O  X  W  R  H  H  T  R  A
A  V  T  I  A  T  K  U  C  H  O  S  N  N
R  G  J  F  X  O  T  M  O  Y  F  N  X  T
I  O  A  J  R  R  M  E  N  J  A  R  V  A
A  I  G  U  A  T  V  L  I  L  L  S  J  N
Ç  E  R  U  C  U  A  Z  L  S  Q  Q  Y  A
U  U  I  M  C  G  X  S  L  Y  D  J  W  L
Y  S  A  S  C  A  D  E  L  L  H  B  Ç  K
```

GAT	CONILL
GATET	SARGANTANA
CABRA	MENJAR
GOS	LLORO
CADELL	PEIX
COLL	CUA
AIGUA	RATOLÍ
URPES	TORTUGA
HÀMSTER	VACA
CORRETJA	VETERINARI

63 - Forêt Tropicale

```
I  E  I  S  Ç  N  C  L  I  M  A  P  I  R
D  N  S  U  B  C  F  P  X  A  R  C  N  E
I  A  S  P  W  L  I  S  E  M  E  O  D  S
V  T  A  E  È  I  Q  Q  C  Í  F  N  Í  T
E  U  M  R  C  C  A  Z  J  F  U  S  G  A
R  R  F  V  O  T  I  L  U  E  G  E  E  U
S  A  I  I  M  P  E  E  N  R  I  R  N  R
I  L  B  V  U  B  Z  S  G  S  E  V  A  A
T  E  I  È  N  O  C  E  L  L  S  A  Ç  C
A  S  S  N  I  T  P  X  A  G  U  C  Y  I
T  A  D  C  T  À  M  O  L  S  A  I  C  Ó
Y  G  R  I  A  N  Ú  V  O  L  S  Ó  M  K
Z  D  C  A  T  I  V  A  L  U  Ó  S  H  N
Z  X  K  O  D  C  R  E  S  P  E  C  T  E
```

AMFIBIS	MOLSA
BOTÀNIC	NATURALESA
CLIMA	NÚVOLS
COMUNITAT	OCELLS
DIVERSITAT	VALUÓS
ESPÈCIE	CONSERVACIÓ
INDÍGENA	REFUGI
INSECTES	RESPECTE
JUNGLA	RESTAURACIÓ
MAMÍFERS	SUPERVIVÈNCIA

64 - Insectes

```
Ç  B  B  M  M  F  A  M  V  W  O  A  P  H
D  E  S  C  A  R  A  B  A  T  M  B  A  F
X  S  C  M  H  R  A  I  F  B  Y  E  P  R
M  J  F  O  R  M  I  G  A  Y  E  L  A  T
R  N  I  S  R  T  V  E  S  P  A  L  L  È
K  S  M  Q  R  V  Y  N  T  J  G  A  L  R
G  I  V  U  C  I  G  A  L  A  E  Q  O  M
K  O  J  I  F  G  S  L  A  R  V  A  N  I
Ç  A  M  T  L  L  A  G  O  S  T  A  A  T
P  A  N  E  R  O  L  E  S  P  U  G  Ó  J
C  U  L  I  B  È  L  ·  L  U  L  A  C  W
P  U  Ç  I  H  F  X  B  S  L  N  E  L  A
Y  K  C  A  F  M  A  N  T  I  S  D  S  I
F  M  Z  U  W  F  Z  L  H  W  B  K  M  Ç
```

ABELLA	MOSQUIT
PANEROLES	PAPALLONA
CIGALA	PUÇA
MARIETA	PUGÓ
FORMIGA	LLAGOSTA
VESPA	ESCARABAT
LARVA	TÈRMIT
LIBÈL·LULA	CUC
MANTIS	

65 - Ferme #1

```
C G C Q S D A F U Q C E D A
A A O M B Ç I R U B A D O B
B T R S U Ç G G P Y V E X E
R B B A F W U Z O X A A K L
A I G Q W E A P L I L R C L
F S A J X G N M L E L R Y A
O Ó R A M A T C A M P Ò J J
V Ç A A E M A T S H Y S L Z
S U I O L Q N O T K Q S W R
E C X Ç H C C I R L N S G Q
V Z G H Ç F A V E D E L L M
W C F N E N S R I J Ç S I I
O V Q D G R E U C U S M B T
K W U A G R I C U L T U R A
```

ABELLA	CORB
AGRICULTURA	AIGUA
RUC	ADOB
BISÓ	FENC
CAMP	MEL
GAT	POLLASTRE
CAVALL	ARRÒS
CABRA	RAMAT
GOS	VACA
TANCA	VEDELL

66 - Escalade

```
E G D C U R I O S I T A T P
F S G O I A L T I T U D Ç S
D U T V A N R A P A E B I T
M U D A F Í S I C Z G C T N
E A U Q B O X E A G U I E S
S C P T Q I R Ç S V A O X R
S V B A J K L M C O N Ç P E
B O T E S Ç E I A O T D E P
W E T O K S S L T C S X R T
F F V Ç A Q I K Ç A I Y T E
O E D M G M Ó O H F T Ó A S
R K D M X N E S T R E T R B
Ç S E N D E R I S M E X U F
A M B I E N T E R R E N Y S
```

ALTITUD
AMBIENT
LESIÓ
BOTES
MAPA
CASC
CURIOSITAT
REPTES
EXPERT
ESTRET

FORÇA
FORMACIÓ
GUANTS
COVA
GUIES
FÍSIC
SENDERISME
ESTABILITAT
TERRENY

67 - École #2

```
Q A C P O U M C T T A K L L
T C I R L L A P I S Z X L Z
E T È O Y D T T G F Z L I V
D I N F B O E A I U F I B P
U V C E I R M U G S O T R B
C I I S B D À T R L O E E P
A T A S L I T O A E P R S D
C A J O I N I B M C S A E T
I T O R O A Q Ú À T S T A S
Ó S C G T D U S T U E U G J
Y V S Q E O E H I R E R E M
D L I V C R S W C A G A R L
O K D P A P E R A G R T G M
C A L E N D A R I T L H L W
```

ACTIVITATS

BIBLIOTECA

AUTOBÚS

CALENDARI

TISORES

LLAPIS

DEURES

PROFESSOR

EDUCACIÓ

GRAMÀTICA

JOCS

LECTURA

LITERATURA

LLIBRES

MATEMÀTIQUES

ORDINADOR

PAPER

CIÈNCIA

68 - Antarctique

```
P E N Í N S U L A N S H T X
M I G R A C I Ó A K K G E I
O Z L C I E N T Í F I C M M
M C O N S E R V A C I Ó P B
I M E D I A M B I E N T E A
N B I L L E S O N L L R D
E A V G L A C E R E S F A I
R L T R U S B B P U R A T A
A E C O N T I N E N T D U N
L N V C A R T J A C W L R J
S E B Ó N H V Z V I Y K A X
R S G S R W S X G W G E L H
K O E X P E D I C I Ó U K Ç
I N V E S T I G A D O R A Y
```

BADIA	GLACERES
BALENES	ILLES
INVESTIGADOR	MIGRACIÓ
CONSERVACIÓ	MINERALS
CONTINENT	OCELLS
AIGUA	PENÍNSULA
MEDI AMBIENT	ROCÓS
EXPEDICIÓ	CIENTÍFIC
GEL	TEMPERATURA

69 - Professions #2

```
D E T E C T I U M P H Ç J F
P E R I O D I S T A M U A I
I I Z W O Q B I Ò L E G R L
L N W A C L Z L X L T D D Ò
O V Ç G B Y Y · E A G E I S
T E O P F I O L X X E N N O
A S T R O N A U T A C T E F
Z T X O T V H S Ç H I I R U
O I P F Ò E T T U X R S K P
Ò G U E G N H R V K U T V I
L A F S R T M A Z R R A J N
E D T S A O T D W A G P L T
G O I O F R I O H P I P T O
C R V R G U V R I G À H R R
```

ASTRONAUTA   JARDINER
BIÒLEG   PERIODISTA
INVESTIGADOR   METGE
CIRURGIÀ   PINTOR
DENTISTA   FILÒSOF
DETECTIU   FOTÒGRAF
PROFESSOR   PILOT
IL·LUSTRADOR   ZOÒLEG
INVENTOR

70 - Les Abeilles

```
O U L W H O O F M F U E R B
A L E S O L M U C E F I J E
F R U I T A C M F F L X I N
P E E T S A P V Y P O A Q E
D I V E R S I T A T R M S F
U N E C O S I S T E M A P I
U A H E H R U S C I E P O C
F L O R S À J K D A N L L I
Z P G A Y N B A K D J A · Ó
I N S E C T E I R W A N L S
C P E L Y N O N T D R T E O
F N X O L G C O F A Í E N V
A A J T I K A Z L H T S E C
V H C V K O F Z I I S P E X
```

ALES	HÀBITAT
BENEFICIÓS	INSECTE
CERA	JARDÍ
DIVERSITAT	MEL
EIXAM	MENJAR
ECOSISTEMA	PLANTES
FLOR	POL·LEN
FLORS	REINA
FRUITA	RUSC
FUM	SOL

71 - Dinosaures

```
E  P  X  A  H  G  R  A  P  T  O  R  A  F
A  S  D  E  S  A  P  A  R  I  C  I  Ó  Ç
D  T  P  O  T  E  N  T  E  E  U  Ç  S  A
U  C  N  È  L  B  F  Ç  H  P  A  X  W  A
F  B  P  Ç  C  L  J  B  I  T  E  R  R  A
E  F  Ò  S  S  I  L  S  S  M  I  D  A  V
F  N  O  D  Ç  O  E  C  T  C  Z  O  L  A
H  O  O  T  L  P  A  A  Ò  K  O  V  E  Y
U  X  M  R  S  O  S  R  R  G  H  N  S  N
G  F  W  N  M  T  O  N  I  P  R  E  S  A
G  Z  B  X  Í  E  S  Í  C  T  S  X  S  O
R  V  Ç  S  O  V  E  V  O  L  U  C  I  Ó
A  M  A  M  U  T  O  O  B  Q  U  J  Ç  L
N  V  I  C  I  Ó  S  R  È  P  T  I  L  O
```

ALES	PREHISTÒRIC
CARNÍVOR	PRESA
DESAPARICIÓ	POTENT
ESPÈCIE	CUA
ENORME	RAPTOR
EVOLUCIÓ	RÈPTIL
FÒSSILS	MIDA
GRAN	TERRA
MAMUT	VICIÓS
OMNÍVOR	

72 - Conduite

```
C O M B U S T I B L E U G E
F E L O Z C C V I A N A N T
R I E N T E A C C I D E N T
E I G S Ú O R A U F M A P A
N W A I N I R N M S B B U A
S L S E E V E L O C I T A T
G W L N L D T C T Z C R M E
C A M I Ó N E P O V N À E R
J Ç R I C I R O K S T N E Y
K J G A Ç È A L X Q S S P H
Ç E V Z T Q N I P E R I L L
J G S N Y G C C F J L T Ç F
D D N G J N E I I K A T E C
S E G U R E T A T A U M R R
```

ACCIDENT

CAMIÓ

COMBUSTIBLE

MAPA

PERILL

FRENS

GARATGE

GAS

LLICÈNCIA

MOTOR

MOTO

VIANANT

POLICIA

CARRETERA

SEGURETAT

TRÀNSIT

TÚNEL

VELOCITAT

73 - Plantes

```
M M L M J M W M N K Z A F F
B O S C Q A M W O E Y D U L
V A L O A R R E L N L O L O
E M Z S F B N D B H G B L R
G Y X R A R V O Í E B E A A
E X X C A E O V F U B G T P
T Ç B A M B Ú H C R N G G A
A F O F L F L O R A Z Z E R
C J T P È T A L É B A I A B
I Q À Ç L Q B K I P T H N U
Ó H N Q C R Q P X M U E M S
R M I V O N P O E A B R W T
X V C A C T U S R V J B N C
X C A V P J Ç Y Ç M L A B O
```

ARBRE	BOSC
BAIA	CRÉIXER
BAMBÚ	MONGETA
BOTÀNICA	HERBA
ARBUST	JARDÍ
CACTUS	HEURA
ADOB	MOLSA
FULLATGE	PÈTAL
FLOR	ARREL
FLORA	VEGETACIÓ

74 - Ferme #2

```
E Q P A G È S S B J O T Ç E
V E R D U R A P V H O R T H
B L A T D E M O R O U A D Y
B O T T À F R U I T A C R I
A V V M N M I W V U Y T B Y
K N L L E T F K A Ç O O R O
R B I L C N Ç K Y S A R N V
U L G M E E J V A R X A I E
S A R R A F P A S T O R X L
C T A G P L B I R N D N V L
M C N J W A S Ç U O N R V A
V V E L K M K I B F I E K F
D A R U L A T M D J B G Z R
K I E B Z R B R O Q T W H P
```

XAI	FLAMA
PAGÈS	VERDURA
ANIMALS	BLAT DE MORO
PASTOR	OVELLA
BLAT	MENJAR
ÀNEC	ORDI
FRUITA	PRAT
GRANER	RUSC
REG	TRACTOR
LLET	HORT

75 - École #1

```
L L A P I S A U L A K W M Y
F P P A M I C S Y D I N A R
B L R R C A R P E T E S T B
I O H R O L Y B F U T G E T
B M F C H F C A Z T O B M E
L E M P T A E Z R T B V À X
I S A J L B V S E Ç R R T À
O D R V O E U L S J R W I M
T D C J I T F M F O Z M Q E
E P A P E R C A D I R A U N
C T D L L I B R E S Y G E S
A N O D I V E R S I Ó X S N
O B R R E S P O S T E S N S
G P S N Ú M E R O S M K W S
```

ALFABET
AMICS
DIVERSIÓ
BIBLIOTECA
CADIRA
LLAPIS
PLOMES
DINAR
CARPETES

PROFESSOR
EXÀMENS
LLIBRES
MARCADORS
MATEMÀTIQUES
NÚMEROS
PAPER
RESPOSTES
AULA

76 - Vacances #2

```
M A P A C D D B T M C H E A
V M A R X E K S R Ç À B S E
A Z S I O X S X A T M X T R
C I S A U F O Y N P P F R O
A U A J I G R A S A I H A P
N R P H E T C V P V N H N O
C F O R O C I X O E G L G R
E N R E S T A U R A N T E T
S C T S I R E P T G D G R C
S C E E Y E I L L A H Z N O
K D N R S N G A V I S A T G
C H D V D E S T I N A C I Ó
I F A E N C O J C T A X I J
K V W S C P S A V I A T G E
```

AEROPORT
CÀMPING
MAPA
DESTINACIÓ
ESTRANGER
HOTEL
ILLA
OCI
MAR
PASSAPORT

PLATJA
RESTAURANT
RESERVES
TAXI
TENDA
TREN
TRANSPORT
VACANCES
VISAT
VIATGE

77 - Outils

```
O  Z  P  Y  J  Ç  E  P  J  O  C  E  A  O
K  R  T  Z  O  I  Z  V  A  M  G  S  L  W
R  E  G  L  E  G  V  K  N  L  R  C  I  N
X  M  D  R  V  M  G  P  E  Q  A  A  C  J
R  O  D  A  B  D  X  P  F  B  P  L  A  W
V  A  M  G  A  N  I  V  E  T  A  A  T  I
G  R  A  P  A  C  A  B  L  E  D  K  E  J
M  U  R  B  G  A  R  P  P  X  O  D  S  G
M  D  T  N  W  R  T  I  S  O  R  E  S  I
C  A  E  Y  V  G  Z  R  D  V  A  S  U  C
O  O  L  C  X  O  N  L  W  P  Z  T  M  F
R  N  L  L  I  L  F  X  S  X  U  R  Z  K
D  A  T  A  E  I  P  Z  G  X  T  A  H  N
A  T  F  R  W  T  O  R  X  A  M  L  B  I
```

GRAPA	MALLET
GRAPADORA	MARTELL
CABLE	PALA
TISORES	ALICATES
COLA	REGLE
CORDA	RODA
GANIVET	TORXA
ESCALA	CARGOL
DESTRAL	

78 - Temps

```
Ç M M F S E T M A N A W X C
B D A H O R A H I R I I K A
M Q H Q W I Z N L B N Y J L
E K J P R Z A W Y J K V D E
C O Y Ç W M V X H I E G E N
U C C P S N I T A B A N S D
Z M L M E K A G K R A G P A
Ç S C E A I T M D P R I R R
V O W S F T C U I I A P É I
Y G I V U X Í G A Y A O S H
N Z N H T D È C A D A J Ç B
M A M X U N P P A N U A L Y
O D Y P R E L L O T G E V V
T A J V M I N U T S E G L E
```

ANY
ANUAL
DESPRÉS
ABANS
AVIAT
CALENDARI
DÈCADA
FUTUR
HORA
AHIR

RELLOTGE
DIA
ARA
MATÍ
MIGDIA
MINUT
MES
NIT
SETMANA
SEGLE

79 - Maison

```
B  M  Y  W  R  X  I  F  W  D  J  F  U  E
G  I  J  A  L  F  V  Z  G  U  A  N  Y  S
H  R  B  P  T  C  I  Z  Z  T  R  À  P  C
A  A  G  L  D  W  P  N  P  X  D  T  A  O
B  L  L  Z  I  Z  U  E  E  A  Í  I  R  M
I  L  P  L  P  O  R  T  A  S  P  C  E  B
T  C  U  Ç  U  D  T  Ç  E  G  T  U  T  R
A  M  A  G  H  M  O  E  B  A  Ç  R  T  A
C  O  R  T  I  N  E  S  C  R  C  S  A  C
I  I  C  A  K  D  X  Ç  L  A  U  O  C  A
Ó  I  T  N  T  V  J  F  A  T  I  S  Z  T
H  D  M  C  Q  P  T  V  U  G  N  T  Ç  I
X  P  Z  A  R  H  H  J  S  E  A  R  B  F
L  L  A  R  D  E  F  O  C  A  L  E  O  A
```

ESCOMBRA	ÀTIC
BIBLIOTECA	JARDÍ
HABITACIÓ	LLUM
LLAR DE FOC	MIRALL
CLAUS	PARET
TANCA	SOSTRE
CUINA	PORTA
DUTXA	CORTINES
FINESTRA	CATIFA
GARATGE	

80 - Légumes

```
P  P  P  C  A  R  X  O  F  A  V  O  T  Q
A  L  L  È  G  R  A  V  E  F  W  B  N  E
S  J  J  Ç  S  R  T  O  M  À  Q  U  E  T
T  U  C  K  E  O  I  G  X  G  X  F  Y  V
A  L  G  A  S  P  L  G  D  Ç  N  Z  P  M
N  I  I  P  C  O  G  O  M  B  R  E  B  A
A  V  N  I  A  L  B  E  R  G  Í  N  I  A
G  E  G  Q  L  A  F  R  W  F  T  A  T  B
A  R  E  H  U  L  M  V  Ò  Y  I  P  O  O
W  T  B  Q  N  F  Ç  A  C  Q  O  O  Q  L
A  Y  R  L  Y  P  S  H  N  B  U  L  X  E
T  C  E  B  A  U  O  A  I  I  T  I  D  T
C  A  R  B  A  S  S  A  D  N  D  V  L  K
E  S  P  I  N  A  C  S  E  P  D  A  L  M
```

ALL	ESPINACS
CARXOFA	GINGEBRE
ALBERGÍNIA	NAP
BRÒQUIL	CEBA
PASTANAGA	OLIVA
API	JULIVERT
BOLET	PÈSOL
CARBASSA	RAVE
COGOMBRE	AMANIDA
ESCALUNYA	TOMÀQUET

81 - Plage

```
E W E Y J Q C S N L V S C Z
C V P D N C B U E F S O P G
C R A N C W Z Y D O J R C D
L C X T E M F Q A P E R D O
A Y O C E À R O R I G A G H
A M T S X S B L K F C K X Y
B V O I T S A N D À L I E S
Z A V L S A V B J O L V S W
Q C A L L O E A Z B A R C A
L A L A Q I L I V L C S U G
Y N L R U O E N U A U A L Y
M C O C P D R S B U N X L H
A E L O S I U J R Q A R V L
R S A N P A R A I G U A K J
```

BARCA   OCEÀ
BLAU   PARAIGUA
COSTA   ESCULL
CRANC   SORRA
MOLL   SANDÀLIES
ILLA   TOVALLOLA
LLACUNA   SOL
MAR   VACANCES
NEDAR   VELER

82 - Famille

```
R  L  A  P  P  G  P  O  M  M  M  V  W  K
Ç  Y  V  K  A  E  H  F  N  A  T  S  A  À
B  C  A  V  T  R  B  K  E  T  R  P  G  V
D  O  N  A  E  M  E  S  N  E  J  I  W  I
G  S  T  G  R  À  J  A  E  R  M  Q  T  A
E  Í  P  D  N  C  I  N  B  N  E  A  M  Ç
R  O  A  C  A  D  T  E  O  A  D  X  A  Q
M  K  S  O  I  N  W  B  D  L  W  F  R  C
A  A  S  S  I  X  T  O  A  C  X  O  E  Y
N  D  A  K  F  Z  G  T  N  E  N  S  Y  A
A  U  T  I  A  R  C  Q  B  C  S  O  E  V
I  N  F  A  N  T  E  S  A  G  L  J  L  I
L  W  Z  A  O  C  S  U  D  D  W  E  Ç  K
F  I  L  L  A  D  Z  B  U  B  Ç  K  Y  D
```

AVANTPASSAT	MARIT
COSÍ	MATERNAL
INFANTESA	MARE
NEN	NEBOT
NENS	NEBODA
DONA	ONCLE
FILLA	PATERNA
GERMÀ	PARE
ÀVIA	GERMANA
AVI	TIA

83 - Oiseaux

```
P  I  N  G  Ü  Í  V  F  P  H  D  S  K  Q
A  A  B  S  A  D  N  R  S  I  M  P  C  B
Ó  L  R  Y  C  O  R  B  K  R  R  O  C  A
E  J  L  D  T  U  C  À  G  U  O  L  Z  G
A  F  W  O  A  I  D  J  T  E  F  L  Ç  A
G  Q  Y  W  R  L  À  G  U  I  L  A  H  V
R  Ç  C  T  L  O  W  F  S  Y  A  S  R  I
Ó  K  J  E  C  O  L  O  M  N  M  T  X  N
F  E  Z  N  I  U  N  X  R  Y  E  R  À  A
U  S  Y  A  G  U  C  C  I  G  N  E  N  N
C  B  S  I  O  L  T  U  G  E  C  G  E  H
O  O  G  Ç  N  L  E  S  T  R  U  Ç  C  H
B  F  E  Z  Y  E  A  P  E  L  I  C  À  F
L  Ç  N  S  A  U  G  Ç  D  W  A  I  H  Y
```

ÀGUILA	PARDAL
ESTRUÇ	GAVINA
ÀNEC	OU
CIGONYA	OCA
CORB	PAÓ
CUCUT	LLORO
CIGNE	PELICÀ
FLAMENC	COLOM
AGRÓ	POLLASTRE
PINGÜÍ	TUCÀ

84 - Disciplines Scientifiques

```
A  I  P  G  E  O  L  O  G  I  A  I  R  C
F  M  E  T  E  O  R  O  L  O  G  I  A  H
E  M  E  C  À  N  I  C  A  Q  V  P  B  N
C  U  R  W  P  S  I  C  O  L  O  G  I  A
O  N  E  U  R  O  L  O  G  I  A  B  L  A
L  O  Q  U  Í  M  I  C  A  N  W  X  G  M
O  L  B  Q  T  E  Y  R  Q  G  Ç  S  N  L
G  O  O  G  W  B  C  J  O  Ü  Ç  Y  N  Z
I  G  T  I  B  I  O  Q  U  Í  M  I  C  A
A  I  À  B  F  S  E  V  Z  S  M  X  A  S
T  A  N  A  T  O  M  I  A  T  G  E  M  I
F  F  I  S  I  O  L  O  G  I  A  L  X  W
V  E  C  Z  U  V  G  K  Y  C  K  K  R  T
S  B  A  C  E  E  K  J  P  A  K  B  F  P
```

ANATOMIA
BIOQUÍMICA
BOTÀNICA
QUÍMICA
ECOLOGIA
GEOLOGIA
IMMUNOLOGIA

LINGÜÍSTICA
MECÀNICA
METEOROLOGIA
NEUROLOGIA
FISIOLOGIA
PSICOLOGIA

85 - Émotions

```
A A V O R R I M E N T C K S
Ç M G C O N T I N G U T M U
L O O R P O R S Z Z I U O Y
S R I O A V E R G O N Y I T
I A G T U Ï T R I S T E S A
M V T F Z M T Y I R A Q R R
P N K I G X D E R E L L E U
A X D N S Z B O N D A T I A
T H D Z D F Z K J D Ç S A C
I F R Y T Q E Z V G R W T A
A P O C E P S T Q H V E N L
S O R P R E S A Z H B Y S M
E M O C I O N A T U B N V A
A P R R E L A X A T V W R J
```

AMOR	PAU
CALMA	POR
IRA	AGRAÏT
CONTINGUT	RELLEU
RELAXAT	SATISFET
AVERGONYIT	SORPRESA
AVORRIMENT	SIMPATIA
EMOCIONAT	TENDRESA
BONDAT	TRISTESA
GOIG	

86 - Géographie

```
O N M T E R R I T O R I M S
I O A U A L A F X O W R E U
E R R C N A T L E S O U R D
R D U O R T I C O C E À I T
D I J N O H A L V C S P D V
L X U T K E Ç N L V T A I F
X L M I B M Ó N Y A Z Í À B
R A W N U I J A K A V S L N
E T K E Y S K Q B L U O E W
G I C N W F E M L T M A P A
I T R T Ç E G J R I D K Z F
Ó U Y B N R U Ç J T C X R T
Z D T N J I Y L K U O S X V
C I U T A T L J P D L E Z U
```

ALTITUD	MÓN
ATLES	MUNTANYA
MAPA	NORD
CONTINENT	OCEÀ
RIU	OEST
HEMISFERI	PAÍS
ILLA	REGIÓ
LATITUD	SUD
MAR	TERRITORI
MERIDIÀ	CIUTAT

87 - Danse

```
C U L T U R A A L E G R E T
C O B I T O Q G P X L H K A
E L S A L T A R R I T M E C
X I À E M O C I Ó À Ç K N A
P Ç R S A S S A I G C K Ç D
R U P E S V I S U A L I H È
E A R T B I U R E E F F A M
S I S S Ç X C M Ú S I C A I
S P O S T U R A C D K S W A
I C O R E O G R A F I A J W
U W P L D R C U L T U R A L
X F T R A D I C I O N A L O
E I W R P M O V I M E N T F
D Ç E M B S O C I Y Y U U L
```

ACADÈMIA
ART
COREOGRAFIA
CLÀSSIC
COS
CULTURA
CULTURAL
EXPRESSIU
EMOCIÓ
GRÀCIA

ALEGRE
MOVIMENT
MÚSICA
SOCI
POSTURA
ASSAIG
RITME
SALTAR
TRADICIONAL
VISUAL

88 - Bâtiments

```
R O Y F T G R A N E R D G L
V B H Q U E S T A D I W A A
H S A K N F A H G O Ç X R B
O E S Z I C Z T Q D I G A O
T R U A V I M F R U D V T R
E V P P E N U Ç A E Q T G A
L A E A R E S C O L A O E T
F T R R S M E B A R T R O O
À O M T I A U I Ç B I R A R
B R E A T T E N D A I E W I
R I R M A I O Q Z K N N M H
I O C E T M H O S P I T A L
C B A N A M B A I X A D A U
A U T T C A S T E L L Z N M
```

AMBAIXADA
APARTAMENT
CABINA
CASTELL
CINEMA
ESCOLA
GARATGE
GRANER
HOSPITAL
HOTEL

LABORATORI
MUSEU
OBSERVATORI
ESTADI
SUPERMERCAT
TENDA
TEATRE
TORRE
UNIVERSITAT
FÀBRICA

89 - Pêche

```
F O E X P I K H O C G E Z B
I C Q T E M P O R A D A V J
L E U B K B R À N Q U I E S
F À I H H P L A T J A I X G
E J P A P A C I È N C I A K
R R A X M Ç D G L K J D G H
R X M B E S Q U E R C Y E K
O L E K P L N A M R I C R O
M A N D Í B U L A F S U A P
Y P T F W M B B N L T I C E
S O G A N X O A Z L E N I S
U H B F M W J E R A L E Ó Q
P D B C J W E Y Y C L R Q P
H O H Y N R H J F T A G S T
```

ESQUER   RIU
BARCA   LLAC
BRÀNQUIES   MANDÍBULA
GANXO   OCEÀ
CUINER   CISTELLA
AIGUA   PACIÈNCIA
EXAGERACIÓ   PLATJA
EQUIPAMENT   PES
FILFERRO   TEMPORADA

90 - Activités et Loisirs

```
P A F I C I O N S E C V N S
H E R X D L J E B O À O A E
T L S B E I S B O L M L T N
Q G L C U R S E S U P E A D
F S T V A S F L F E I I C E
K Q Z L W R S U R F N B I R
T E N N I S J E T P G O Ó I
R V B F G O L F I B U L P S
T I F Q A Z Z F J G O U I M
J A R D I N E R I A T L N E
Z T O M L Q B À S Q U E T A
E G S D T T O O B B Z U U A
O E H P V Ç X F T P U K R U
O R E L A X A N T A R T A M
```

ART
BEISBOL
BÀSQUET
BOXA
CÀMPING
CURSES
FUTBOL
GOLF
JARDINERIA
NATACIÓ

AFICIONS
PINTURA
PESCAR
BUSSEIG
SENDERISME
RELAXANT
SURF
TENNIS
VOLEIBOL
VIATGE

91 - Livres

```
È  I  N  V  E  N  T  I  V  A  L  N  S  N
N  P  À  G  I  N  A  A  X  G  I  C  È  A
O  H  I  S  T  Ò  R  I  A  U  T  O  R  R
V  C  H  C  N  P  Q  R  C  U  E  L  I  R
E  D  U  Ç  A  K  U  E  I  Q  R  ·  E  A
L  U  M  J  K  D  N  X  U  P  A  L  T  D
·  A  O  K  E  K  M  L  H  Q  R  E  R  O
L  L  R  P  O  E  S  I  A  G  I  C  À  R
A  I  Í  C  O  N  T  E  X  T  V  C  G  Q
Z  T  S  A  V  E  N  T  U  R  A  I  I  C
L  A  T  L  F  Z  M  O  E  O  W  Ó  C  F
E  T  I  Z  Q  C  I  A  E  L  W  G  Z  O
G  B  C  R  X  E  H  I  S  T  Ò  R  I  C
L  E  C  T  O  R  E  L  L  E  V  A  N  T
```

AUTOR	LECTOR
AVENTURA	LITERARI
COL·LECCIÓ	NARRADOR
CONTEXT	PÀGINA
DUALITAT	RELLEVANT
ÈPICA	POEMA
HISTÒRIA	POESIA
HISTÒRIC	NOVEL·LA
HUMORÍSTIC	SÈRIE
INVENTIVA	TRÀGIC

92 - Pays #2

```
A H X B W M D L A N H P S L
L A J I F I K A L T U A O A
B I T X N R D O F T G K M G
À T I Ç I A A S Z P A I À J
N Í N E M L J N C L N S L A
I U D Z P R Í B Ç P D T I P
A C O Q N Ú R B J A A A A Ó
K E N Y A S U D A N I N U U
Ç P È F G S Z D M N R E C E
W R S Í R I A C A O L R R H
C Z I G I A K N I H A F A F
A H A N X C H K C G N R Ï M
A M È X I C S T A Y D H N A
D I N A M A R C A Ç A W A H
```

ALBÀNIA
XINA
DINAMARCA
FRANÇA
HAITÍ
INDONÈSIA
IRLANDA
JAMAICA
JAPÓ
KENYA

LAOS
LÍBAN
MÈXIC
UGANDA
PAKISTAN
RÚSSIA
SOMÀLIA
SUDAN
SÍRIA
UCRAÏNA

93 - Fournitures d'Art

```
C O L A I G U A M P Y Q W Y
À G L C O L O R S I L G Ç J
M C A V A L L E T N K Y H M
E O P T Q D I J C T X A Z Ç
R G I V U T I K R U L C G I
A G S W A T I R E R I R U R
R V I C R A Ç N A E D Í A G
A Y A A E U I W T S E L H O
S E P R L L Q Ç I A E I G P
P L Ç B · A R U V R S C S L
A A U Ó L V C K I G N X F A
L L P O E P E H T I P H Z X
L C R E S U A C A L W K I Z
S W Y H R G E X T A U D Y H
```

ACRÍLIC	LLAPIS
AQUAREL·LES	CREATIVITAT
ARGILA	AIGUA
RASPALLS	TINTA
CÀMERA	OLI
CADIRA	IDEES
CARBÓ	PAPER
CAVALLET	PINTURES
COLA	TAULA
COLORS	

94 - Jouets

```
F A V O R I T A L H C K I P
L P S J R D G R O B O T M L
L I Ç W Z Ç Y G K V V I A Q
I L A Q S C G I B O O V G B
B O H V O B T L P O D Ç I I
R T T F Z W P A D Z E M N C
E A Z V Ç A I I C Ç Z T A I
S B A R T E S A N I A R C C
A N I N A C D Y E T K E I L
J V C A M I Ó K S W U N Ó E
H O I B B B E T C L Q R S T
G G C Ó O J T R A K A V E A
O X T S R B A R C A D R K S
I U I E S T E L S C O T X E
```

ARGILA   JOCS
ARTESANIA   LLIBRES
AVIÓ   PINTURES
PILOTA   NINA
BARCA   ROBOT
CAMIÓ   TAMBORS
ESTEL   TREN
ESCACS   BICICLETA
FAVORIT   COTXE
IMAGINACIÓ

95 - Eau

```
M  S  B  J  Q  B  T  D  V  I  Ç  J  F  D
O  E  F  O  A  G  E  L  K  B  T  K  O  B
N  W  K  E  A  F  F  G  U  È  I  S  E  R
S  P  Ç  O  C  E  À  Z  S  R  G  P  G  E
Ó  O  P  V  A  P  O  R  O  N  T  G  Ç  V
F  T  W  Z  N  Ç  Z  M  U  M  E  C  R  A
C  A  Y  X  A  K  R  O  M  W  I  U  I  P
O  B  X  Q  L  T  Y  Q  I  U  K  R  U  O
R  L  L  A  C  H  U  M  I  T  A  T  P  R
R  E  Q  D  I  N  U  N  D  A  C  I  Ó  A
E  A  G  U  T  K  H  R  G  E  L  I  B  C
N  M  D  T  D  G  C  I  A  G  J  X  F  I
T  M  B  X  W  F  C  G  I  C  Z  N  P  Ó
U  K  Z  A  P  L  U  J  A  V  À  U  B  W
```

CANAL	REG
DUTXA	LLAC
EVAPORACIÓ	MONSÓ
RIU	NEU
CORRENT	OCEÀ
GUÈISER	HURACÀ
GEL	PLUJA
HUMITAT	POTABLE
INUNDACIÓ	VAPOR

96 - Paysages

```
M P M A R C A S C A D A C V
U E G U È I S E R B A R O U
N N M G W I S L G J I H V P
T Í H N W Z L S G V Ç D A A
A N O Ç J X C P L A T J A N
N S A D R V Y H A L I N G T
Y U S E I O D Q C L A S A À
A L I S T L G V E U K C O U
Z A C E F C L Y R P Q C S Z
C K E R W À J A A Z R Z C I
K C B T U N D R A N G P A Y
E R E Q U R I U V X X F B C
Z F R Q F R H D Z S N M R Ç
P O G D P P Ó E S T U A R I
```

CASCADA	LLAC
TURÓ	PANTÀ
DESERT	MAR
ESTUARI	MUNTANYA
RIU	OASI
GUÈISER	PENÍNSULA
GLACERA	PLATJA
COVA	TUNDRA
ICEBERG	VALL
ILLA	VOLCÀ

97 - Nombres

```
D C A T O R Z E G D O S C Y
E I Q H H M J T S E T X B C
U N V U Q S B R B C V U I T
I C Q U A T R E V I N T Ç Q
P G T A I V P S W M S I S R
Q H J S D T Ç G F A O P T M
D I S S J C Y C J L O D P W
D I Q Z E T R E T Z E N K N
O D S F M T A U J H S O S U
T I I S A B Z C L Ç Y U M A
Z N S X E H E E Q U I N Z E
E O Q C I T R I U S Q J H U
J U Ç R O O O J J J R X W H
Y Z D B C W E Q F S N S K V
```

CINC	CATORZE
DOS	QUATRE
DECIMAL	QUINZE
DEU	SETZE
DIVUIT	SET
DINOU	SIS
DISSET	TRETZE
DOTZE	TRES
VUIT	VINT
NOU	ZERO

98 - Nature

```
X S N D V F D H R E F U G I
B A Ú I B E L I W F U S L Ç
W N V N R R D J O Q L L A I
M T O À U B T E À E L C C W
N U L M C W B O I R A L E O
Y A S I D H X B Q I T R R D
S R U C E C C B E U G I A M
P I I A S E R È Y L E Y C A
E A R F E J M A J Y L E R N
R V C T R O P I C A L E T I
O I A Í T A B E L L E S S M
S T B V F S A L V A T G E A
I A X U B I I R B O Y U V L
Ó L B O S C C V C S V X A S
```

ABELLES	RIU
REFUGI	BOSC
ANIMALS	GLACERA
ÀRTIC	NÚVOLS
BELLESA	PACÍFIC
BOIRA	SANTUARI
DESERT	SALVATGE
DINÀMIC	SERÈ
EROSIÓ	TROPICAL
FULLATGE	VITAL

99 - Bateaux

```
M  B  T  C  À  N  C  O  R  A  Ç  F  P  N
O  O  E  K  O  L  L  A  C  Q  A  E  H  M
T  I  M  C  N  R  I  U  I  P  Q  Q  M  M
O  A  A  O  E  R  D  M  B  A  S  S  A  V
R  V  R  N  S  K  T  A  J  L  C  C  R  E
K  R  I  O  T  V  K  R  J  M  S  B  E  L
H  I  N  Y  A  V  Q  T  Z  Ç  S  H  A  E
Ç  H  E  F  C  A  C  U  M  H  A  J  V  R
D  W  R  I  U  G  A  Y  V  W  N  Q  K  R
E  K  Z  Q  C  Q  N  N  N  D  L  N  Z  M
V  E  V  P  E  E  O  R  Y  Ç  J  Y  Z  B
T  R  I  P  U  L  A  C  I  Ó  B  M  U  X
V  A  X  B  R  T  I  F  E  R  R  I  K  V
C  F  P  N  À  U  T  I  C  À  J  T  U  P
```

ÀNCORA	MARINER
BOIA	PAL
CANOA	MAR
CORDA	MOTOR
TRIPULACIÓ	NÀUTIC
FERRI	OCEÀ
RIU	BASSA
CAIAC	ONES
LLAC	VELER
MAREA	IOT

100 - Mesures

```
A  D  E  C  I  M  A  L  G  R  Q  P  Z  W
A  L  N  W  Z  L  M  I  R  Q  U  O  P  Z
I  L  T  O  N  A  P  T  A  U  I  L  T  H
Q  A  E  U  P  F  L  R  M  I  L  Z  O  P
G  R  A  U  R  B  A  E  I  L  Ò  A  A  E
C  G  G  N  O  A  D  O  Ç  O  M  D  I  S
U  A  S  Ç  F  Y  A  O  O  G  E  A  E  F
Z  D  O  A  U  N  U  H  R  R  T  D  U  U
L  A  A  B  N  Ç  M  J  R  A  R  R  B  J
R  P  Z  Y  D  C  A  M  O  M  E  C  Y  G
E  Y  J  J  I  K  S  K  I  X  E  J  T  R
M  N  J  D  T  K  S  V  Z  N  S  T  E  G
J  G  T  W  A  D  A  V  O  L  U  M  R  E
C  C  E  N  T  Í  M  E  T  R  E  T  E  E
```

CENTÍMETRE	MASSA
GRAU	METRE
DECIMAL	MINUT
GRAM	BYTE
ALTURA	UNÇA
QUILOGRAM	PES
QUILÒMETRE	POLZADA
AMPLADA	PROFUNDITAT
LITRE	TONA
LLARGADA	VOLUM

1 - Été

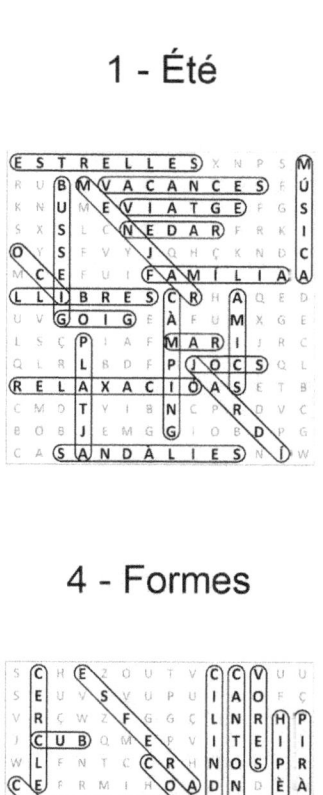

2 - Adjectifs #2

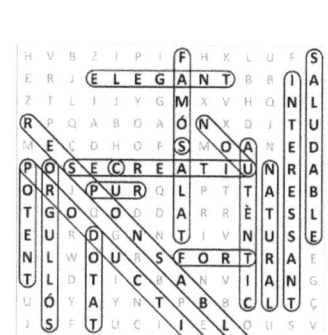

3 - Exploration

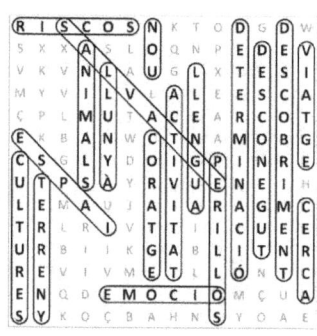

4 - Formes

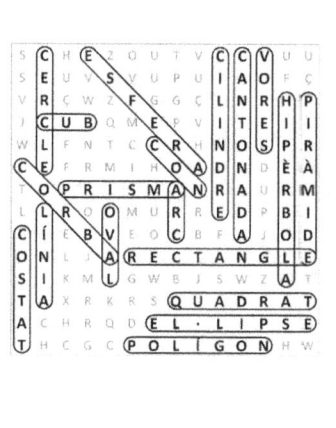

5 - Salle de Bains

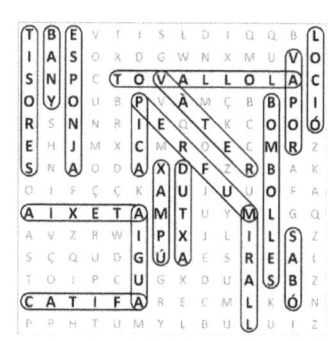

6 - Adjectifs #1

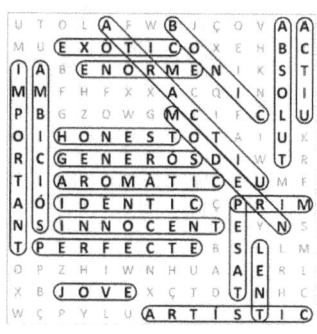

7 - Instruments de Musique

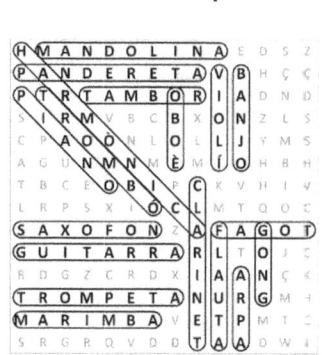

8 - Échecs

9 - Herboristerie

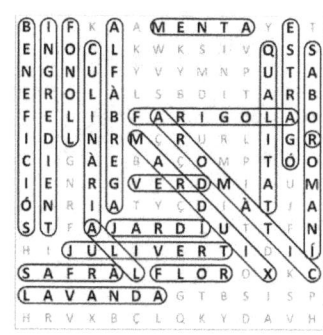

10 - Véhicules

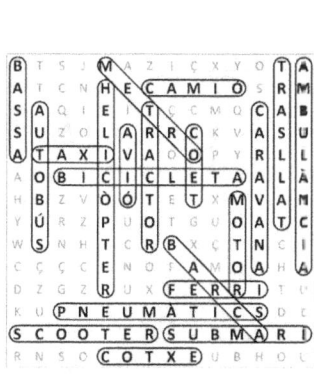

11 - Camping

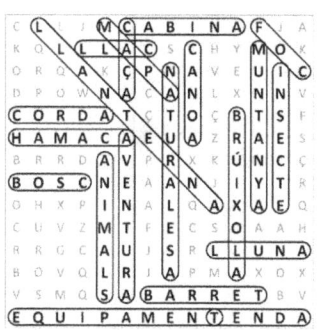

12 - Conservation

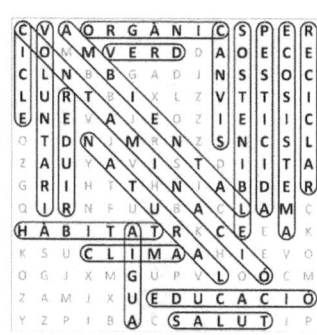

13 - Écologie

14 - Astronomie

15 - Types de Cheveux

16 - Restaurant #1

17 - Mammifères

18 - Sports

19 - Chocolat

20 - Mathématiques

21 - Mythologie

22 - Restaurant #2

23 - Couleurs

24 - Avions

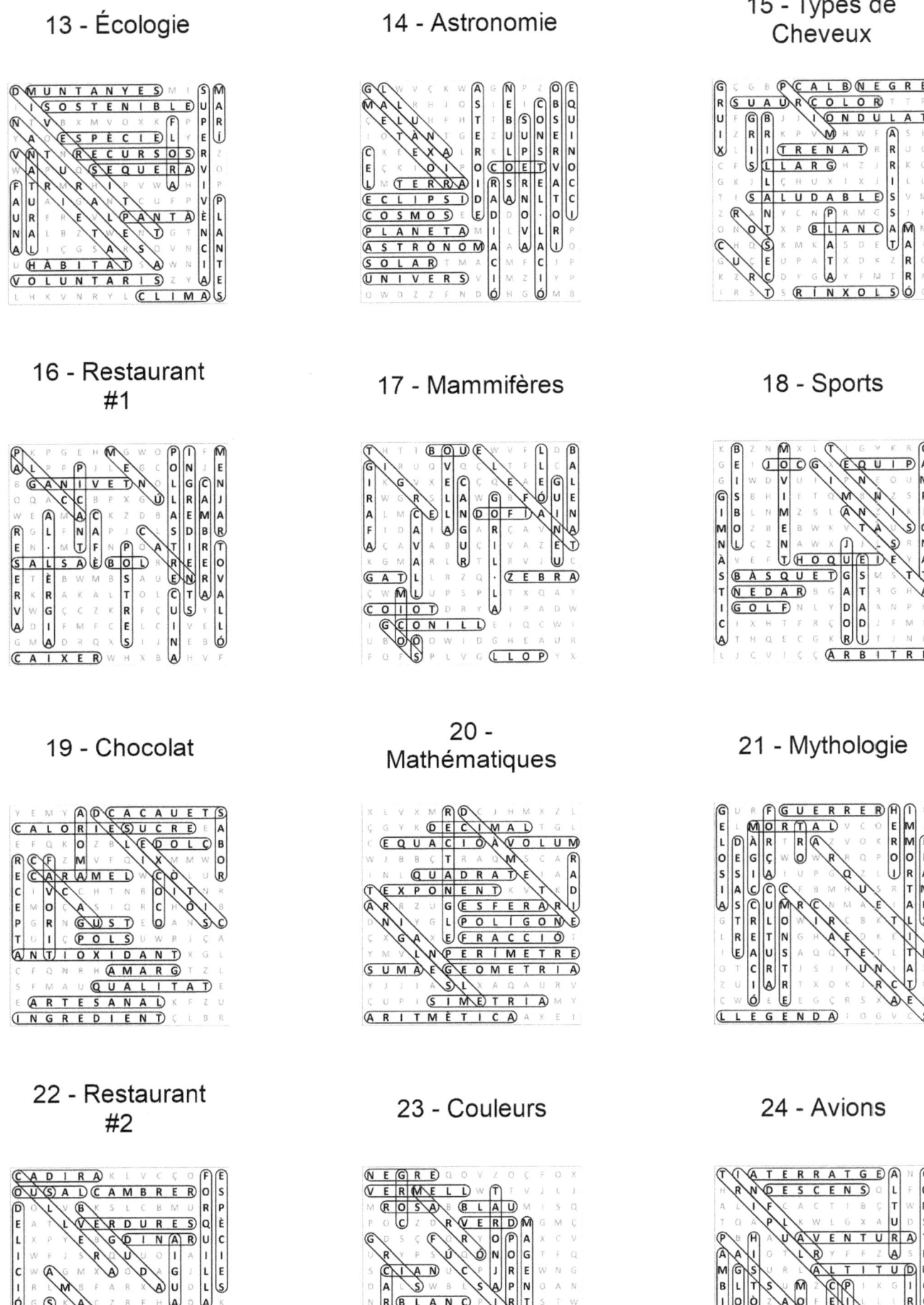

25 - Aventure

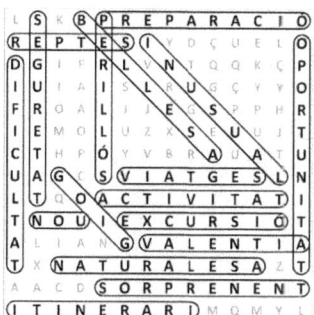

26 - Ville

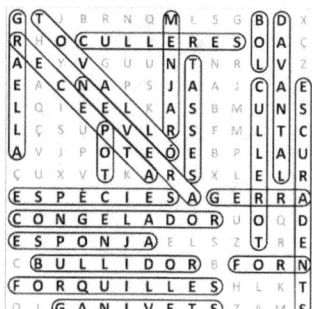

27 - Cuisine

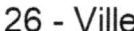

28 - Corps Humain

29 - Épices

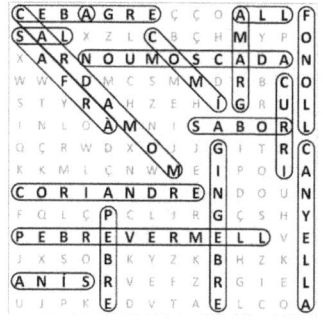

30 - Science

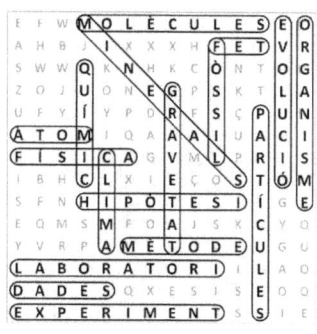

31 - Chats

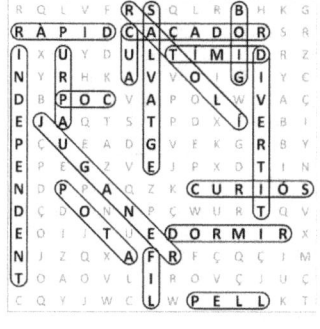

32 - Vêtements

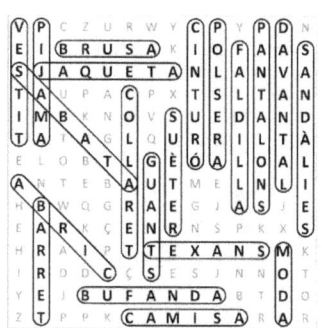

33 - Arts Visuels

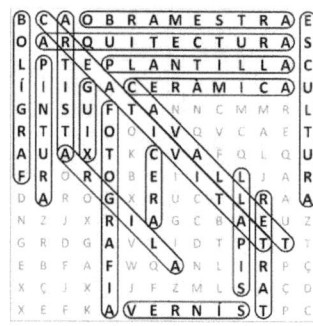

34 - Méditation

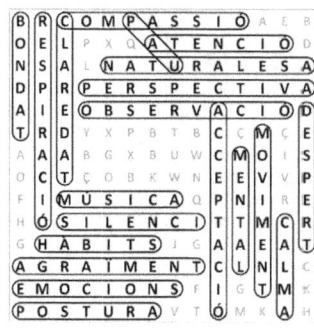

35 - Littérature

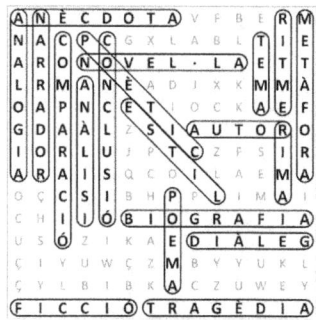

36 - Nourriture #1

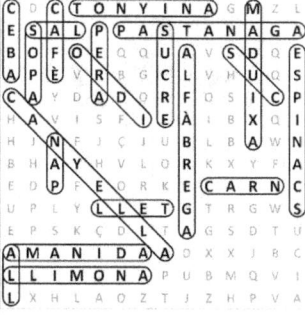

37 - Jours et Mois

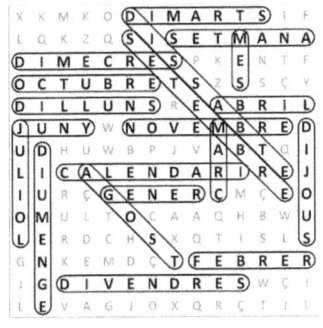

38 - Pirates

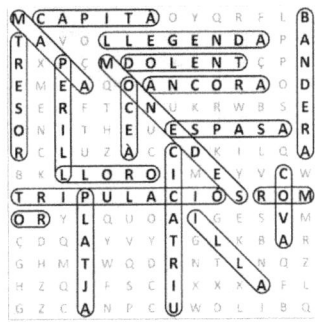

39 - Activités

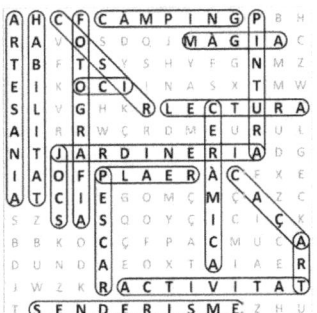

40 - Fleurs

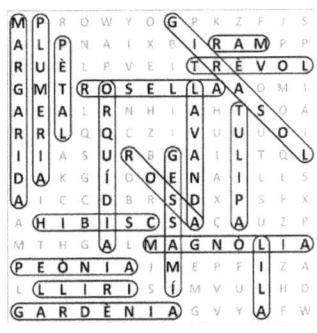

41 - Nourriture #2

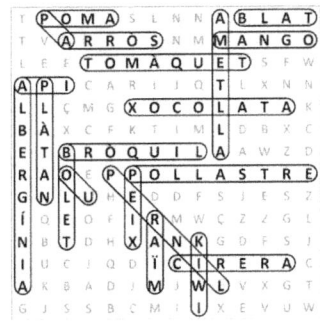

42 - Océan

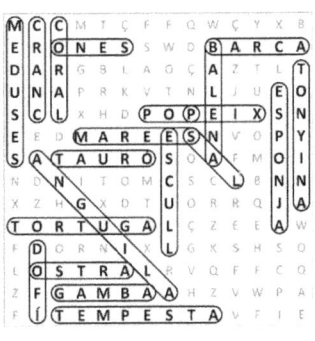

43 - Remplir

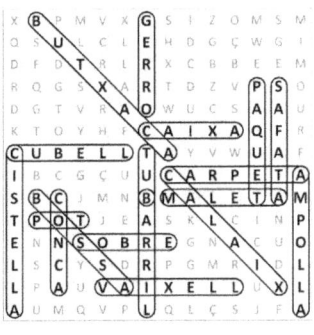

44 - Ballet

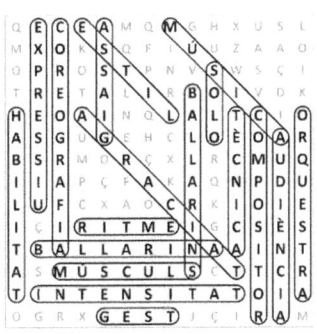

45 - Fruit

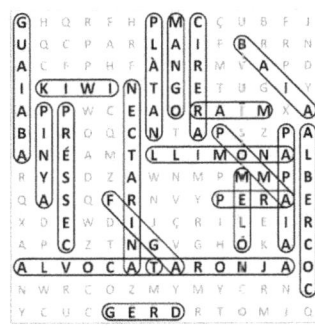

46 - Surf

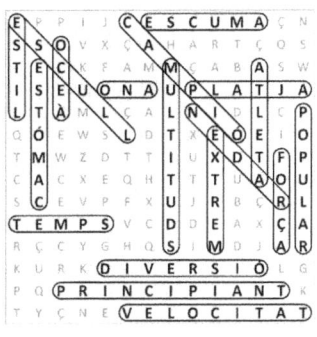

47 - Technologie

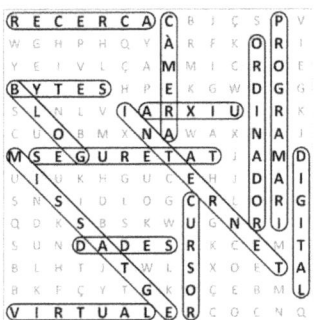

48 - Météo

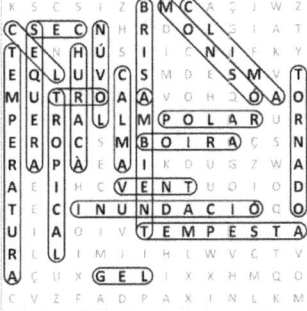

49 - Châteaux

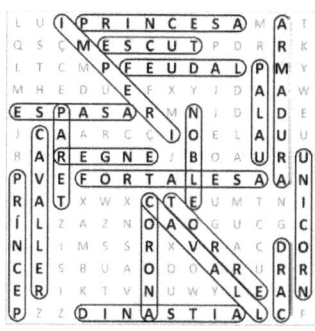

50 - Randonnée

51 - Meubles

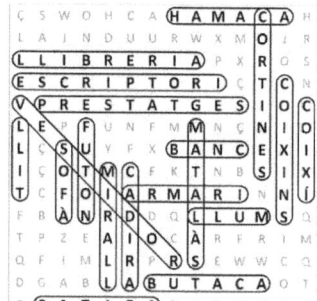

52 - Art

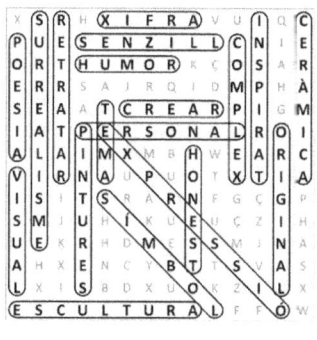

53 - Nutrition

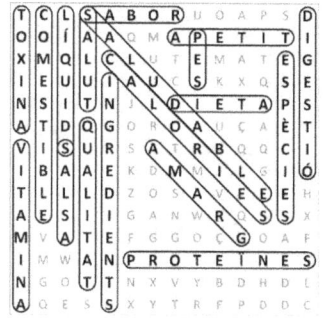

54 - Science Fiction

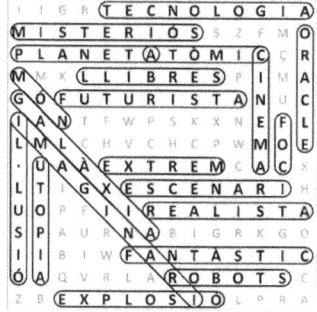

55 - Vertus #1

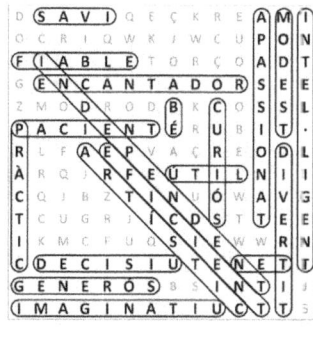

56 - Professions #1

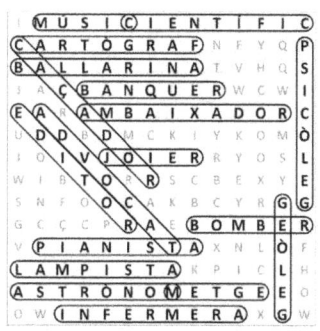

57 - Géologie

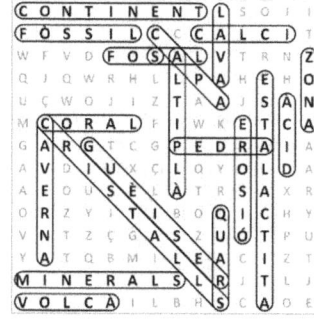

58 - Cirque

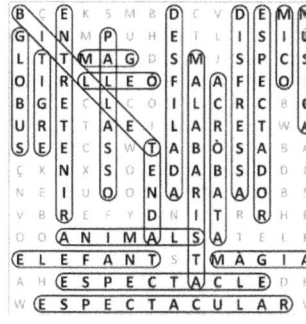

59 - Jardin

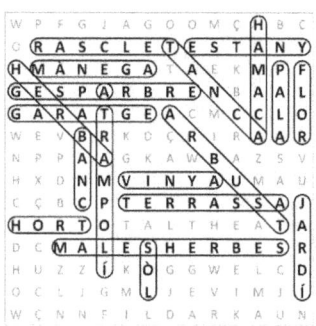

60 - Barbecues

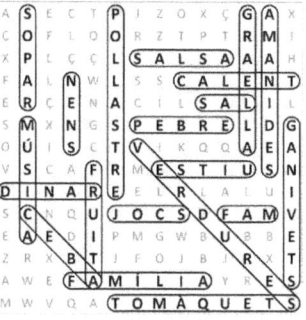

61 - Anniversaire

62 - Animaux de Compagnie

63 - Forêt Tropicale

64 - Insectes

65 - Ferme #1

66 - Escalade

67 - École #2

68 - Antarctique

69 - Professions #2

70 - Les Abeilles

71 - Dinosaures

72 - Conduite

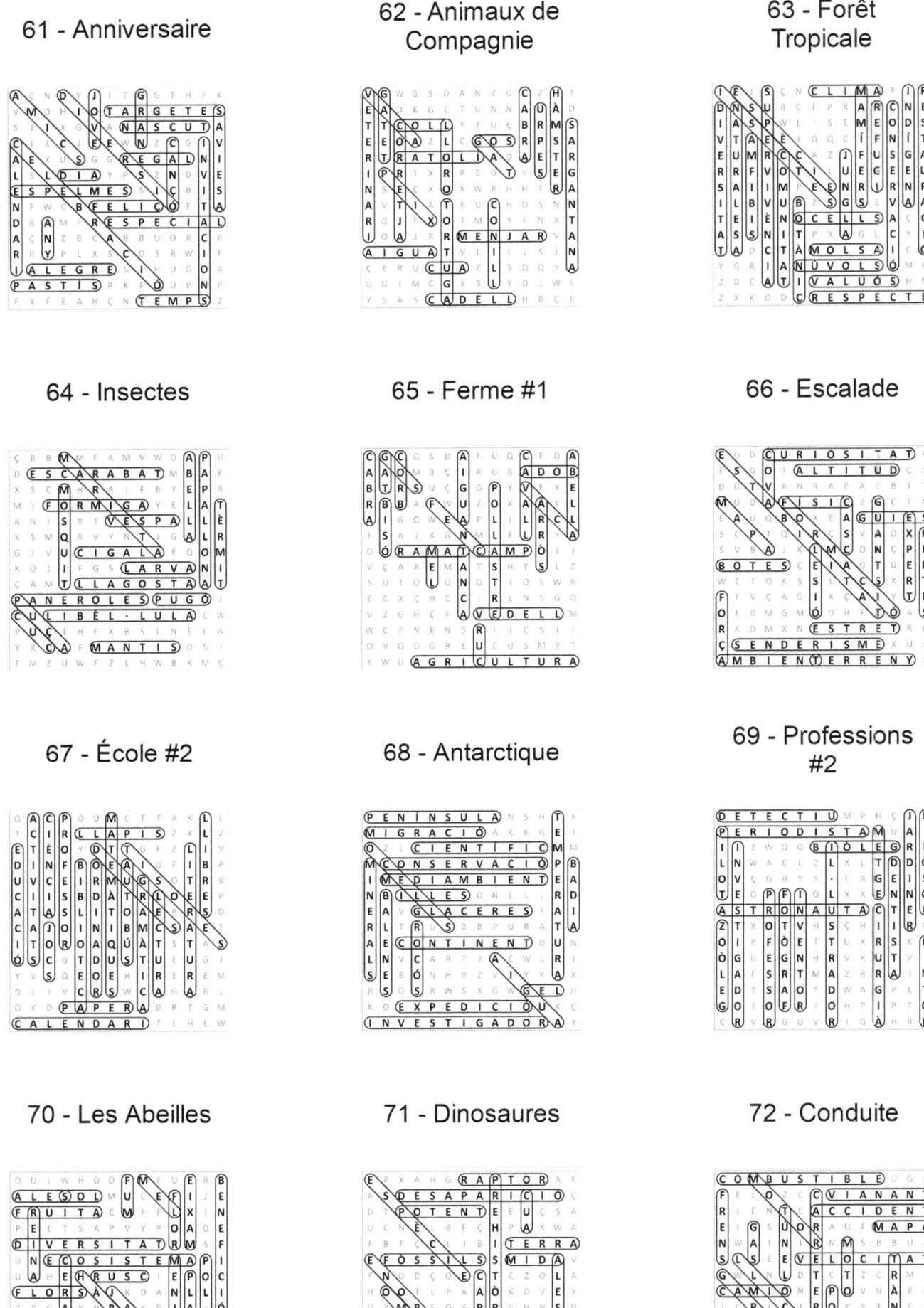

73 - Plantes

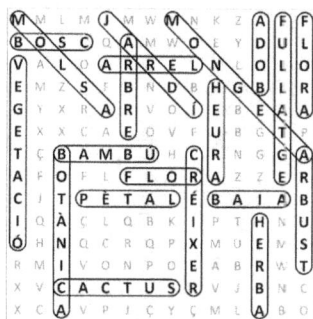

74 - Ferme #2

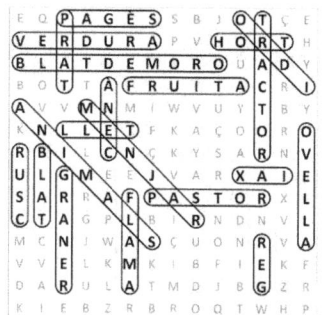

75 - École #1

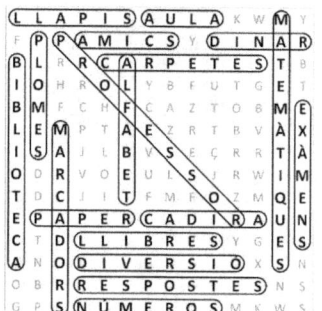

76 - Vacances #2

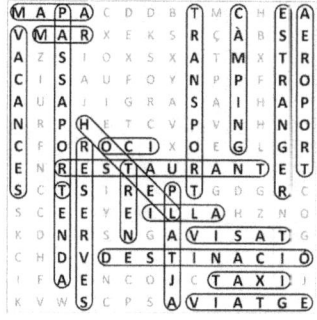

77 - Outils

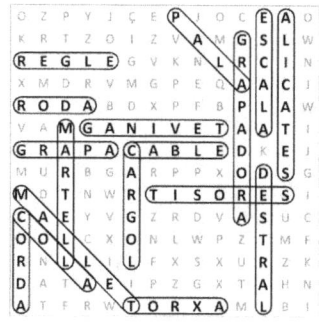

78 - Temps

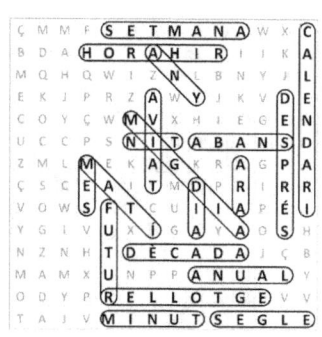

79 - Maison

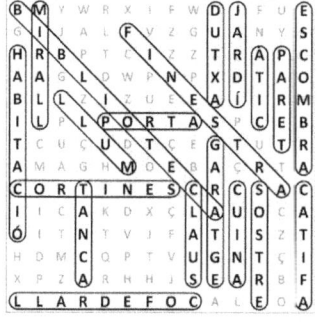

80 - Légumes

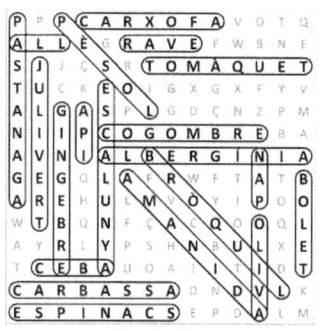

81 - Plage

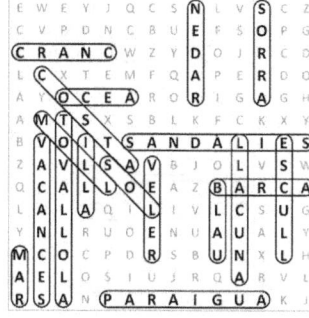

82 - Famille

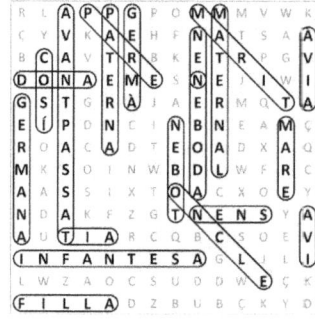

83 - Oiseaux

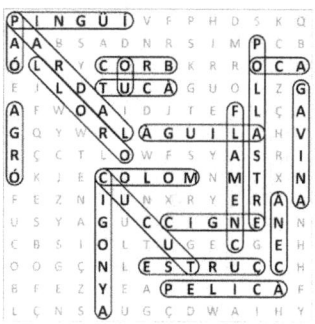

84 - Disciplines Scientifiques

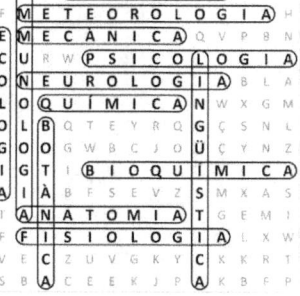

85 - Émotions

86 - Géographie

87 - Danse

88 - Bâtiments

89 - Pêche

90 - Activités et Loisirs

91 - Livres

92 - Pays #2

93 - Fournitures d'Art

94 - Jouets

95 - Eau

96 - Paysages

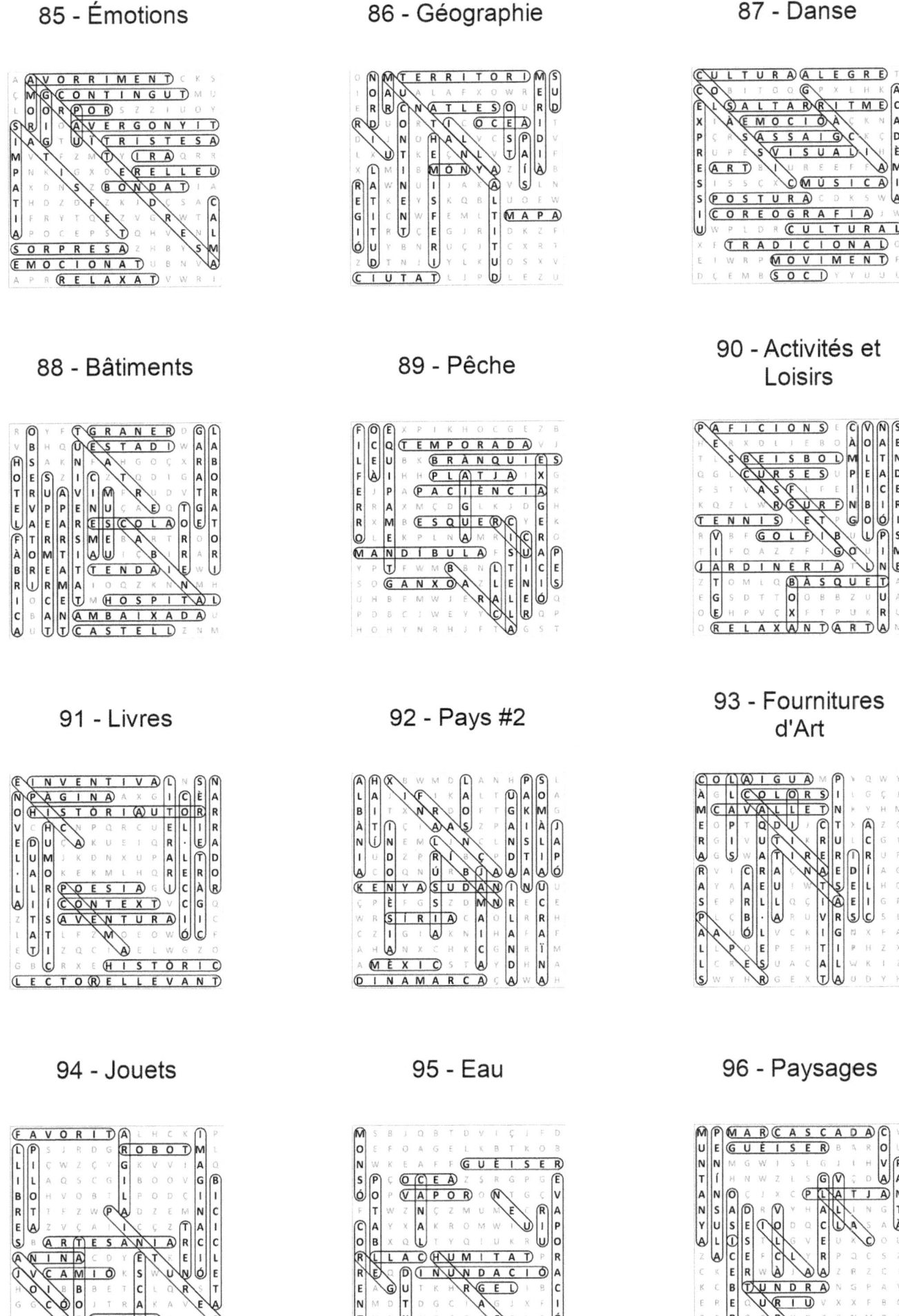

97 - Nombres

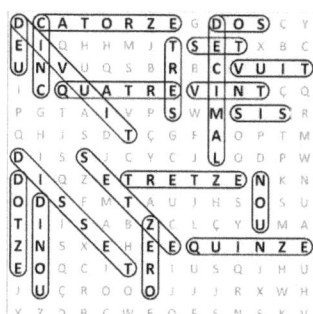

98 - Nature

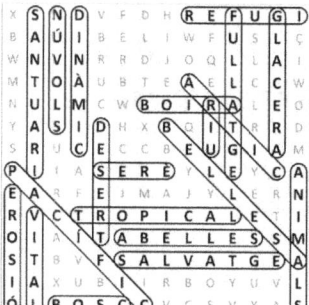

99 - Bateaux

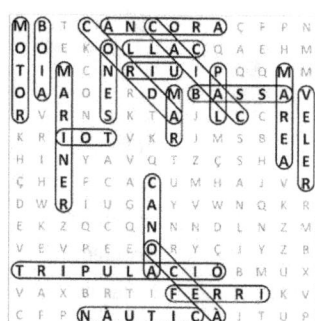

100 - Mesures

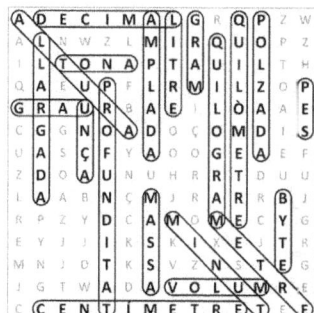

Dictionnaire

Activités
Activitats

Activité	Activitat
Art	Art
Artisanat	Artesania
Camping	Càmping
Céramique	Ceràmica
Chasse	Caça
Compétence	Habilitat
Couture	Cosir
Intérêts	Interessos
Jardinage	Jardineria
Jeux	Jocs
Lecture	Lectura
Loisir	Oci
Magie	Màgia
Peinture	Pintura
Pêche	Pescar
Photographie	Fotografia
Plaisir	Plaer
Randonnée	Senderisme
Relaxation	Relaxació

Activités et Loisirs
Activitats i Lleure

Art	Art
Base-Ball	Beisbol
Basket-Ball	Bàsquet
Boxe	Boxa
Camping	Càmping
Course	Curses
Football	Futbol
Golf	Golf
Jardinage	Jardineria
Nager	Natació
Passe-Temps	Aficions
Peinture	Pintura
Pêche	Pescar
Plongée	Busseig
Randonnée	Senderisme
Relaxant	Relaxant
Surf	Surf
Tennis	Tennis
Volley-Ball	Voleibol
Voyage	Viatge

Adjectifs #1
Adjectius #1

Absolu	Absolut
Actif	Actiu
Ambitieux	Ambiciós
Aromatique	Aromàtic
Artistique	Artístic
Attractif	Atractiu
Beau	Bonic
Exotique	Exòtic
Énorme	Enorme
Généreux	Generós
Honnête	Honest
Identique	Idèntic
Important	Important
Innocent	Innocent
Jeune	Jove
Lent	Lent
Lourd	Pesat
Mince	Prim
Moderne	Modern
Parfait	Perfecte

Adjectifs #2
Adjectius #2

Authentique	Autèntic
Célèbre	Famós
Créatif	Creatiu
Descriptif	Descriptiu
Doué	Dotat
Dramatique	Dramàtic
Élégant	Elegant
Fier	Orgullós
Fort	Fort
Intéressant	Interessant
Naturel	Natural
Nouveau	Nou
Productif	Productiu
Puissant	Potent
Pur	Pur
Responsable	Responsable
Sain	Saludable
Salé	Salat
Sauvage	Salvatge
Sec	Sec

Animaux de Compagnie
Animals de Companyia

Chat	Gat
Chaton	Gatet
Chèvre	Cabra
Chien	Gos
Chiot	Cadell
Collier	Coll
Eau	Aigua
Griffes	Urpes
Hamster	Hàmster
Laisse	Corretja
Lapin	Conill
Lézard	Sargantana
Nourriture	Menjar
Perroquet	Lloro
Poisson	Peix
Queue	Cua
Souris	Ratolí
Tortue	Tortuga
Vache	Vaca
Vétérinaire	Veterinari

Anniversaire
Aniversari

Amis	Amics
Amusement	Diversió
Année	Any
Bougies	Espelmes
Cadeau	Regal
Calendrier	Calendari
Cartes	Targetes
Chanson	Cançó
Fête	Celebració
Gâteau	Pastís
Heureux	Feliç
Invitations	Invitacions
Jeune	Jove
Jour	Dia
Joyeux	Alegre
Né	Nascut
Sagesse	Saviesa
Spécial	Especial
Super	Gran
Temps	Temps

Antarctique
Antàrtida

Baie	Badia
Baleines	Balenes
Chercheur	Investigador
Conservation	Conservació
Continent	Continent
Eau	Aigua
Environnement	Medi Ambient
Expédition	Expedició
Géographie	Geografia
Glace	Gel
Glaciers	Glaceres
Îles	Illes
Migration	Migració
Minéraux	Minerals
Oiseaux	Ocells
Péninsule	Península
Rocheux	Rocós
Scientifique	Científic
Température	Temperatura
Topographie	Topografia

Art
L'Art

Céramique	Ceràmica
Complexe	Complex
Composition	Composició
Créer	Crear
Dépeindre	Retratar
Expression	Expressió
Figure	Xifra
Honnête	Honest
Humeur	Humor
Inspiré	Inspirat
Original	Original
Peintures	Pintures
Personnel	Personal
Poésie	Poesia
Sculpture	Escultura
Simple	Senzill
Sujet	Tema
Surréalisme	Surrealisme
Symbole	Símbol
Visuel	Visual

Arts Visuels
Arts Visuals

Architecture	Arquitectura
Argile	Argila
Artiste	Artista
Céramique	Ceràmica
Chef-D'Œuvre	Obra Mestra
Chevalet	Cavallet
Cire	Cera
Composition	Composició
Craie	Guix
Crayon	Llapis
Créativité	Creativitat
Film	Pel·lícula
Peinture	Pintura
Perspective	Perspectiva
Photographie	Fotografia
Pochoir	Plantilla
Portrait	Retrat
Sculpture	Escultura
Stylo	Bolígraf
Vernis	Vernís

Astronomie
Astronomia

Astéroïde	Asteroide
Astronaute	Astronauta
Astronome	Astrònom
Ciel	Cel
Constellation	Constel·lació
Cosmos	Cosmos
Éclipse	Eclipsi
Équinoxe	Equinocci
Fusée	Coet
Galaxie	Galàxia
Lune	Lluna
Météore	Meteor
Nébuleuse	Nebulosa
Observatoire	Observatori
Planète	Planeta
Radiation	Radiació
Solaire	Solar
Supernova	Supernova
Terre	Terra
Univers	Univers

Aventure
Aventura

Activité	Activitat
Beauté	Bellesa
Bravoure	Valentia
Chance	Oportunitat
Dangereux	Perillós
Destination	Destinació
Défis	Reptes
Difficulté	Dificultat
Enthousiasme	Entusiasme
Excursion	Excursió
Inhabituel	Inusual
Itinéraire	Itinerari
Joie	Goig
Nature	Naturalesa
Navigation	Navegació
Nouveau	Nou
Préparation	Preparació
Sécurité	Seguretat
Surprenant	Sorprenent
Voyages	Viatges

Avions
Avions

Air	Aire
Altitude	Altitud
Atmosphère	Ambient
Atterrissage	Aterratge
Aventure	Aventura
Ballon	Globus
Carburant	Combustible
Ciel	Cel
Construction	Construcció
Descente	Descens
Direction	Direcció
Équipage	Tripulació
Gonfler	Inflar
Hauteur	Altura
Histoire	Història
Hydrogène	Hidrogen
Moteur	Motor
Passager	Passatger
Pilote	Pilot
Turbulence	Turbulència

Ballet
Ballet

Applaudissement	Aplaudiments
Artistique	Artístic
Ballerine	Ballarina
Chorégraphie	Coreografia
Compétence	Habilitat
Compositeur	Compositor
Danseurs	Ballarins
Expressif	Expressiu
Geste	Gest
Gracieux	Agraciat
Intensité	Intensitat
Muscles	Músculs
Musique	Música
Orchestre	Orquestra
Public	Audiència
Répétition	Assaig
Rythme	Ritme
Solo	Solo
Style	Estil
Technique	Tècnica

Barbecues
Barbacoes

Chaud	Calent
Couteaux	Ganivets
Déjeuner	Dinar
Dîner	Sopar
Enfants	Nens
Été	Estiu
Faim	Fam
Famille	Família
Fruit	Fruita
Gril	Graella
Jeux	Jocs
Légumes	Verdures
Musique	Música
Oignons	Ceba
Poivre	Pebre
Poulet	Pollastre
Salades	Amanides
Sauce	Salsa
Sel	Sal
Tomates	Tomàquets

Bateaux
Vaixells

Ancre	Àncora
Bouée	Boia
Canoë	Canoa
Corde	Corda
Équipage	Tripulació
Ferry	Ferri
Fleuve	Riu
Kayak	Caiac
Lac	Llac
Marée	Marea
Marin	Mariner
Mât	Pal
Mer	Mar
Moteur	Motor
Nautique	Nàutic
Océan	Oceà
Radeau	Bassa
Vagues	Ones
Voilier	Veler
Yacht	Iot

Bâtiments
Edificis

Ambassade	Ambaixada
Appartement	Apartament
Cabine	Cabina
Château	Castell
Cinéma	Cinema
École	Escola
Garage	Garatge
Grange	Graner
Hôpital	Hospital
Hôtel	Hotel
Laboratoire	Laboratori
Musée	Museu
Observatoire	Observatori
Stade	Estadi
Supermarché	Supermercat
Tente	Tenda
Théâtre	Teatre
Tour	Torre
Université	Universitat
Usine	Fàbrica

Camping
Campament

Animaux	Animals
Aventure	Aventura
Boussole	Brúixola
Cabine	Cabina
Canoë	Canoa
Carte	Mapa
Chapeau	Barret
Chasse	Caça
Corde	Corda
Équipement	Equipament
Feu	Foc
Forêt	Bosc
Hamac	Hamaca
Insecte	Insecte
Lac	Llac
Lanterne	Llanterna
Lune	Lluna
Montagne	Muntanya
Nature	Naturalesa
Tente	Tenda

Chats
Els Gats

Chasseur	Caçador
Curieux	Curiós
Dormir	Dormir
Drôle	Divertit
Espiègle	Juganer
Fil	Fil
Fou	Boig
Fourrure	Pell
Griffe	Urpa
Indépendant	Independent
Patte	Pota
Personnalité	Personalitat
Peu	Poc
Queue	Cua
Rapide	Ràpid
Sauvage	Salvatge
Souris	Ratolí
Timide	Tímid

Châteaux
Castells

Armure	Armadura
Bouclier	Escut
Catapulte	Catapulta
Cheval	Cavall
Chevalier	Cavaller
Couronne	Corona
Dragon	Drac
Dynastie	Dinastia
Empire	Imperi
Épée	Espasa
Féodal	Feudal
Forteresse	Fortalesa
Licorne	Unicorn
Mur	Paret
Noble	Noble
Palais	Palau
Prince	Príncep
Princesse	Princesa
Royaume	Regne
Tour	Torre

Chocolat
Xocolata

Amer	Amarg
Antioxydant	Antioxidant
Arôme	Aroma
Artisanal	Artesanal
Cacahuètes	Cacauets
Cacao	Cacau
Calories	Calories
Caramel	Caramel
Délicieux	Deliciós
Doux	Dolç
Exotique	Exòtic
Favori	Favorit
Goût	Gust
Ingrédient	Ingredient
Noix de Coco	Coco
Poudre	Pols
Qualité	Qualitat
Recette	Recepta
Saveur	Sabor
Sucre	Sucre

Cirque
Circ

Acrobate	Acròbata
Animaux	Animals
Ballons	Globus
Billet	Bitllet
Clown	Pallasso
Costume	Disfressa
Divertir	Entretenir
Éléphant	Elefant
Jongleur	Malabarista
Lion	Lleó
Magicien	Mag
Magie	Màgia
Montrer	Espectacle
Musique	Música
Parade	Desfilada
Singe	Mico
Spectaculaire	Espectacular
Spectateur	Espectador
Tente	Tenda
Tigre	Tigre

Conduite
Conducció

Accident	Accident
Camion	Camió
Carburant	Combustible
Carte	Mapa
Danger	Perill
Freins	Frens
Garage	Garatge
Gaz	Gas
Licence	Llicència
Moteur	Motor
Moto	Moto
Piéton	Vianant
Police	Policia
Route	Carretera
Sécurité	Seguretat
Trafic	Trànsit
Transport	Transport
Tunnel	Túnel
Vitesse	Velocitat
Voiture	Cotxe

Conservation
Conservació

Bénévole	Voluntari
Changements	Canvis
Climat	Clima
Cycle	Cicle
Durable	Sostenible
Eau	Aigua
Environnemental	Ambiental
Écosystème	Ecosistema
Éducation	Educació
Habitat	Hàbitat
Naturel	Natural
Organique	Orgànic
Pesticide	Pesticida
Pollution	Contaminació
Recycler	Reciclar
Réduire	Reduir
Santé	Salut
Vert	Verd

Corps Humain
Cos Humà

Bouche	Boca
Cerveau	Cervell
Cheville	Turmell
Cou	Coll
Coude	Colze
Cœur	Cor
Doigt	Dit
Estomac	Estómac
Épaule	Espatlla
Genou	Genoll
Lèvres	Llavis
Main	Mà
Mâchoire	Mandíbula
Menton	Barbeta
Nez	Nas
Oreille	Orella
Peau	Pell
Sang	Sang
Tête	Cap
Visage	Cara

Couleurs
Colors

Beige	Beix
Blanc	Blanc
Bleu	Blau
Cramoisi	Carmesí
Cyan	Cian
Fuchsia	Fúcsia
Gris	Gris
Jaune	Groc
Magenta	Magenta
Marron	Marró
Noir	Negre
Orange	Taronja
Rose	Rosa
Rouge	Vermell
Sépia	Sèpia
Vert	Verd
Violet	Porpra

Cuisine
Cuina

Baguettes	Escuradents
Bol	Bol
Bouilloire	Bullidor
Congélateur	Congelador
Couteaux	Ganivets
Cruche	Gerra
Cuillères	Culleres
Épices	Espècies
Éponge	Esponja
Four	Forn
Fourchettes	Forquilles
Gril	Graella
Louche	Cullerot
Nourriture	Menjar
Pot	Pot
Recette	Recepta
Réfrigérateur	Nevera
Serviette	Tovalló
Tablier	Davantal
Tasses	Tasses

Danse
Dansa

Académie	Acadèmia
Art	Art
Chorégraphie	Coreografia
Classique	Clàssic
Corps	Cos
Culture	Cultura
Culturel	Cultural
Expressif	Expressiu
Émotion	Emoció
Grâce	Gràcia
Joyeux	Alegre
Mouvement	Moviment
Musique	Música
Partenaire	Soci
Posture	Postura
Répétition	Assaig
Rythme	Ritme
Saut	Saltar
Traditionnel	Tradicional
Visuel	Visual

Dinosaures
Els Dinosaures

Ailes	Ales
Carnivore	Carnívor
Disparition	Desaparició
Espèce	Espècie
Énorme	Enorme
Évolution	Evolució
Fossiles	Fòssils
Grand	Gran
Herbivore	Herbívor
Mammouth	Mamut
Omnivore	Omnívor
Préhistorique	Prehistòric
Proie	Presa
Puissant	Potent
Queue	Cua
Rapace	Raptor
Reptile	Rèptil
Taille	Mida
Terre	Terra
Vicieux	Viciós

Disciplines Scientifiques
Disciplines Científiques

Anatomie	Anatomia
Archéologie	Arqueologia
Astronomie	Astronomia
Biochimie	Bioquímica
Biologie	Biologia
Botanique	Botànica
Chimie	Química
Écologie	Ecologia
Géologie	Geologia
Immunologie	Immunologia
Linguistique	Lingüística
Mécanique	Mecànica
Météorologie	Meteorologia
Minéralogie	Mineralogia
Neurologie	Neurologia
Physiologie	Fisiologia
Psychologie	Psicologia
Sociologie	Sociologia
Thermodynamique	Termodinàmica
Zoologie	Zoologia

Eau
Aigua

Canal	Canal
Douche	Dutxa
Évaporation	Evaporació
Fleuve	Riu
Flux	Corrent
Geyser	Guèiser
Glace	Gel
Humidité	Humitat
Inondation	Inundació
Irrigation	Reg
Lac	Llac
Mousson	Monsó
Neige	Neu
Océan	Oceà
Ouragan	Huracà
Pluie	Pluja
Potable	Potable
Vapeur	Vapor

Escalade
Escalada

Altitude	Altitud
Atmosphère	Ambient
Blessure	Lesió
Bottes	Botes
Carte	Mapa
Casque	Casc
Curiosité	Curiositat
Défis	Reptes
Expert	Expert
Étroit	Estret
Force	Força
Formation	Formació
Gants	Guants
Grotte	Cova
Guides	Guies
Physique	Físic
Randonnée	Senderisme
Stabilité	Estabilitat
Terrain	Terreny

Exploration
Exploració

Activité	Activitat
Animaux	Animals
Courage	Coratge
Cultures	Cultures
Dangers	Riscos
Découverte	Descobriment
Détermination	Determinació
Espace	Espai
Excitation	Emoció
Épuisement	Esgotament
Inconnu	Desconegut
Langue	Llengua
Lointain	Llunyà
Nouveau	Nou
Périlleux	Perillós
Quête	Cerca
Sauvage	Salvatge
Terrain	Terreny
Voyage	Viatge

Échecs
Escacs

Adversaire	Oponent
Blanc	Blanc
Champion	Campió
Concours	Concurs
Défis	Reptes
Diagonal	Diagonal
Jeu	Joc
Joueur	Jugador
Noir	Negre
Passif	Passiu
Points	Punts
Reine	Reina
Règles	Normes
Roi	Rei
Sacrifice	Sacrifici
Stratégie	Estratègia
Temps	Temps
Tournoi	Torneig

École #1
Escola #1

Alphabet	Alfabet
Amis	Amics
Amusement	Diversió
Bibliothèque	Biblioteca
Bureau	Escriptori
Chaise	Cadira
Crayon	Llapis
Des Stylos	Plomes
Déjeuner	Dinar
Dossiers	Carpetes
Enseignant	Professor
Examens	Exàmens
Livres	Llibres
Marqueurs	Marcadors
Math	Matemàtiques
Nombres	Números
Papier	Paper
Réponses	Respostes
Salle de Classe	Aula

École #2
Escola #2

Activités	Activitats
Apprentissage	Aprenentatge
Bibliothèque	Biblioteca
Bus	Autobús
Calendrier	Calendari
Ciseaux	Tisores
Crayon	Llapis
Devoirs	Deures
Dictionnaire	Diccionari
Enseignant	Professor
Éducation	Educació
Grammaire	Gramàtica
Jeux	Jocs
Lecture	Lectura
Littérature	Literatura
Livres	Llibres
Math	Matemàtiques
Ordinateur	Ordinador
Papier	Paper
Science	Ciència

Écologie
Ecologia

Bénévoles	Voluntaris
Climat	Clima
Communautés	Comunitats
Diversité	Diversitat
Durable	Sostenible
Espèce	Espècie
Faune	Fauna
Flore	Flora
Habitat	Hàbitat
Marais	Pantà
Marin	Marí
Montagnes	Muntanyes
Nature	Naturalesa
Naturel	Natural
Plantes	Plantes
Ressources	Recursos
Sécheresse	Sequera
Survie	Supervivència
Variété	Varietat
Végétation	Vegetació

Émotions
Emocions

Amour	Amor
Calme	Calma
Colère	Ira
Contenu	Contingut
Détendu	Relaxat
Embarrassé	Avergonyit
Ennui	Avorriment
Excité	Emocionat
Gentillesse	Bondat
Joie	Goig
Paix	Pau
Peur	Por
Reconnaissant	Agraït
Relief	Relleu
Satisfait	Satisfet
Surprise	Sorpresa
Sympathie	Simpatia
Tendresse	Tendresa
Tristesse	Tristesa

Épices
Espècies

Aigre	Agre
Ail	All
Amer	Amarg
Anis	Anís
Cannelle	Canyella
Cardamome	Cardamom
Coriandre	Coriandre
Cumin	Comí
Curry	Curri
Fenouil	Fonoll
Gingembre	Gingebre
Muscade	Nou Moscada
Oignon	Ceba
Paprika	Pebre Vermell
Poivre	Pebre
Réglisse	Regalèssia
Safran	Safrà
Saveur	Sabor
Sel	Sal
Vanille	Vainilla

Été
Estiu

Amis	Amics
Camping	Càmping
Étoiles	Estrelles
Famille	Família
Jardin	Jardí
Jeux	Jocs
Joie	Goig
Livres	Llibres
Loisir	Oci
Mer	Mar
Musique	Música
Nager	Nedar
Nourriture	Menjar
Plage	Platja
Plongée	Busseig
Relaxation	Relaxació
Sandales	Sandàlies
Vacances	Vacances
Voyage	Viatge

Famille
La Família

Ancêtre	Avantpassat
Cousin	Cosí
Enfance	Infantesa
Enfant	Nen
Enfants	Nens
Femme	Dona
Fille	Filla
Frère	Germà
Grand-Mère	Àvia
Grand-Père	Avi
Mari	Marit
Maternel	Maternal
Mère	Mare
Neveu	Nebot
Nièce	Neboda
Oncle	Oncle
Paternel	Paterna
Père	Pare
Soeur	Germana
Tante	Tia

Ferme #1
Granja #1

Abeille	Abella
Agriculture	Agricultura
Âne	Ruc
Bison	Bisó
Champ	Camp
Chat	Gat
Cheval	Cavall
Chèvre	Cabra
Chien	Gos
Clôture	Tanca
Corbeau	Corb
Eau	Aigua
Engrais	Adob
Foin	Fenc
Miel	Mel
Poulet	Pollastre
Riz	Arròs
Troupeau	Ramat
Vache	Vaca
Veau	Vedell

Ferme #2
Granja #2

Agneau	Xai
Agriculteur	Pagès
Animaux	Animals
Berger	Pastor
Blé	Blat
Canard	Ànec
Fruit	Fruita
Grange	Graner
Irrigation	Reg
Lait	Llet
Lama	Flama
Légume	Verdura
Maïs	Blat de Moro
Mouton	Ovella
Nourriture	Menjar
Orge	Ordi
Pré	Prat
Ruche	Rusc
Tracteur	Tractor
Verger	Hort

Fleurs
Flors

Bouquet	Ram
Gardénia	Gardènia
Hibiscus	Hibisc
Jasmin	Gessamí
Lavande	Lavanda
Lilas	Lila
Lys	Lliri
Magnolia	Magnòlia
Marguerite	Margarida
Orchidée	Orquídia
Pavot	Rosella
Pétale	Pètal
Pissenlit	Dent de Lleó
Pivoine	Peònia
Plumeria	Plumeria
Rose	Rosa
Tournesol	Gira-Sol
Trèfle	Trèvol
Tulipe	Tulipa

Forêt Tropicale
Selva Tropical

Amphibiens	Amfibis
Botanique	Botànic
Climat	Clima
Communauté	Comunitat
Diversité	Diversitat
Espèce	Espècie
Indigène	Indígena
Insectes	Insectes
Jungle	Jungla
Mammifères	Mamífers
Mousse	Molsa
Nature	Naturalesa
Nuage	Núvols
Oiseaux	Ocells
Précieux	Valuós
Préservation	Conservació
Refuge	Refugi
Respect	Respecte
Restauration	Restauració
Survie	Supervivència

Formes
Formes

Arc	Arc
Bords	Vores
Carré	Quadrat
Cercle	Cercle
Coin	Cantonada
Courbe	Corba
Cône	Con
Côté	Costat
Cube	Cub
Cylindre	Cilindre
Ellipse	El·lipse
Hyperbole	Hipèrbola
Ligne	Línia
Ovale	Oval
Polygone	Polígon
Prisme	Prisma
Pyramide	Piràmide
Rectangle	Rectangle
Sphère	Esfera
Triangle	Triangle

Fournitures d'Art
Subministraments D'Art

Acrylique	Acrílic
Aquarelles	Aquarel·les
Argile	Argila
Brosses	Raspalls
Caméra	Càmera
Chaise	Cadira
Charbon	Carbó
Chevalet	Cavallet
Colle	Cola
Couleurs	Colors
Crayons	Llapis
Créativité	Creativitat
Eau	Aigua
Encre	Tinta
Huile	Oli
Idées	Idees
Papier	Paper
Peinture	Pintures
Table	Taula

Fruit
Fruita

Abricot	Albercoc
Ananas	Pinya
Avocat	Alvocat
Baie	Baia
Banane	Plàtan
Cerise	Cirera
Citron	Llimona
Figue	Figa
Framboise	Gerd
Goyave	Guaiaba
Kiwi	Kiwi
Mangue	Mango
Melon	Meló
Nectarine	Nectarina
Orange	Taronja
Papaye	Papaia
Pêche	Préssec
Poire	Pera
Pomme	Poma
Raisin	Raïm

Géographie
Geografia

Altitude	Altitud
Atlas	Atles
Carte	Mapa
Continent	Continent
Fleuve	Riu
Hémisphère	Hemisferi
Île	Illa
Latitude	Latitud
Mer	Mar
Méridien	Meridià
Monde	Món
Montagne	Muntanya
Nord	Nord
Océan	Oceà
Ouest	Oest
Pays	País
Région	Regió
Sud	Sud
Territoire	Territori
Ville	Ciutat

Géologie
Geologia

Acide	Àcid
Calcium	Calci
Caverne	Caverna
Continent	Continent
Corail	Coral
Couche	Capa
Cristaux	Cristalls
Érosion	Erosió
Fondu	Fos
Fossile	Fòssil
Geyser	Guèiser
Lave	Lava
Minéraux	Minerals
Pierre	Pedra
Plateau	Altiplà
Quartz	Quars
Sel	Sal
Stalactite	Estalactita
Volcan	Volcà
Zone	Zona

Herboristerie
Herboristeria

Ail	All
Aromatique	Aromàtic
Basilic	Alfàbrega
Bénéfique	Beneficiós
Culinaire	Culinària
Estragon	Estragó
Fenouil	Fonoll
Fleur	Flor
Ingrédient	Ingredient
Jardin	Jardí
Lavande	Lavanda
Marjolaine	Marduix
Menthe	Menta
Persil	Julivert
Qualité	Qualitat
Romarin	Romaní
Safran	Safrà
Saveur	Sabor
Thym	Farigola
Vert	Verd

Insectes
Els Insectes

Abeille	Abella
Cafard	Paneroles
Cigale	Cigala
Coccinelle	Marieta
Fourmi	Formiga
Guêpe	Vespa
Larve	Larva
Libellule	Libèl·lula
Mante	Mantis
Moustique	Mosquit
Papillon	Papallona
Puce	Puça
Puceron	Pugó
Sauterelle	Llagosta
Scarabée	Escarabat
Termite	Tèrmit
Ver	Cuc

Instruments de Musique
Instruments Musicals

Banjo	Banjo
Basson	Fagot
Clarinette	Clarinet
Flûte	Flauta
Gong	Gong
Guitare	Guitarra
Harmonica	Harmònica
Harpe	Arpa
Hautbois	Oboè
Mandoline	Mandolina
Marimba	Marimba
Percussion	Percussió
Piano	Piano
Saxophone	Saxofon
Tambour	Tambor
Tambourin	Pandereta
Trombone	Trombó
Trompette	Trompeta
Violon	Violí
Violoncelle	Violoncel

Jardin
Jardí

Arbre	Arbre
Banc	Banc
Buisson	Arbust
Clôture	Tanca
Étang	Estany
Fleur	Flor
Garage	Garatge
Hamac	Hamaca
Herbe	Herba
Jardin	Jardí
Mauvaises Herbes	Males Herbes
Pelle	Pala
Pelouse	Gespa
Râteau	Rasclet
Sol	Sòl
Terrasse	Terrassa
Trampoline	Trampolí
Tuyau	Mànega
Verger	Hort
Vigne	Vinya

Jouets
Joguines

Argile	Argila
Artisanat	Artesania
Avion	Avió
Balle	Pilota
Bateau	Barca
Camion	Camió
Cerf-Volant	Estel
Échecs	Escacs
Favori	Favorit
Imagination	Imaginació
Jeux	Jocs
Livres	Llibres
Peinture	Pintures
Poupée	Nina
Robot	Robot
Tambours	Tambors
Train	Tren
Vélo	Bicicleta
Voiture	Cotxe

Jours et Mois
Dies i Mesos

Août	Agost
Avril	Abril
Calendrier	Calendari
Dimanche	Diumenge
Février	Febrer
Janvier	Gener
Jeudi	Dijous
Juillet	Juliol
Juin	Juny
Lundi	Dilluns
Mardi	Dimarts
Mars	Març
Mercredi	Dimecres
Mois	Mes
Novembre	Novembre
Octobre	Octubre
Samedi	Dissabte
Semaine	Setmana
Septembre	Setembre
Vendredi	Divendres

Les Abeilles
Les Abelles

Ailes	Ales
Bénéfique	Beneficiós
Cire	Cera
Diversité	Diversitat
Essaim	Eixam
Écosystème	Ecosistema
Fleur	Flor
Fleurs	Flors
Fruit	Fruita
Fumée	Fum
Habitat	Hàbitat
Insecte	Insecte
Jardin	Jardí
Miel	Mel
Nourriture	Menjar
Plantes	Plantes
Pollen	Pol·len
Reine	Reina
Ruche	Rusc
Soleil	Sol

Légumes
Verdures

Ail	All
Artichaut	Carxofa
Aubergine	Albergínia
Brocoli	Bròquil
Carotte	Pastanaga
Céleri	Api
Champignon	Bolet
Citrouille	Carbassa
Concombre	Cogombre
Échalote	Escalunya
Épinard	Espinacs
Gingembre	Gingebre
Navet	Nap
Oignon	Ceba
Olive	Oliva
Persil	Julivert
Pois	Pèsol
Radis	Rave
Salade	Amanida
Tomate	Tomàquet

Littérature
Literatura

Analogie	Analogia
Analyse	Anàlisi
Anecdote	Anècdota
Auteur	Autor
Biographie	Biografia
Comparaison	Comparació
Conclusion	Conclusió
Description	Descripció
Dialogue	Diàleg
Fiction	Ficció
Métaphore	Metàfora
Narrateur	Narrador
Poème	Poema
Poétique	Poètic
Rime	Rima
Roman	Novel·la
Rythme	Ritme
Style	Estil
Thème	Tema
Tragédie	Tragèdia

Livres
Llibres

Auteur	Autor
Aventure	Aventura
Collection	Col·lecció
Contexte	Context
Dualité	Dualitat
Épique	Èpica
Histoire	Història
Historique	Històric
Humoristique	Humorístic
Inventif	Inventiva
Lecteur	Lector
Littéraire	Literari
Narrateur	Narrador
Page	Pàgina
Pertinent	Rellevant
Poème	Poema
Poésie	Poesia
Roman	Novel·la
Série	Sèrie
Tragique	Tràgic

Maison
Casa

Balai	Escombra
Bibliothèque	Biblioteca
Chambre	Habitació
Cheminée	Llar de Foc
Clés	Claus
Clôture	Tanca
Cuisine	Cuina
Douche	Dutxa
Fenêtre	Finestra
Garage	Garatge
Grenier	Àtic
Jardin	Jardí
Lampe	Llum
Miroir	Mirall
Mur	Paret
Plafond	Sostre
Porte	Porta
Rideaux	Cortines
Sous-Sol	Soterrani
Tapis	Catifa

Mammifères
Els Mamífers

Baleine	Balena
Chat	Gat
Cheval	Cavall
Chien	Gos
Coyote	Coiot
Dauphin	Dofí
Éléphant	Elefant
Girafe	Girafa
Gorille	Goril·la
Kangourou	Cangur
Lapin	Conill
Lion	Lleó
Loup	Llop
Mouton	Ovella
Ours	Ós
Renard	Guineu
Singe	Mico
Taureau	Bou
Tigre	Tigre
Zèbre	Zebra

Mathématiques
Matemàtiques

Angles	Angles
Arithmétique	Aritmètica
Carré	Quadrat
Décimal	Decimal
Diamètre	Diàmetre
Exposant	Exponent
Équation	Equació
Fraction	Fracció
Géométrie	Geometria
Parallèle	Paral·lel
Perpendiculaire	Perpendicular
Périmètre	Perímetre
Polygone	Polígon
Rayon	Radi
Rectangle	Rectangle
Somme	Suma
Sphère	Esfera
Symétrie	Simetria
Triangle	Triangle
Volume	Volum

Mesures
Mesuraments

Centimètre	Centímetre
Degré	Grau
Décimal	Decimal
Gramme	Gram
Hauteur	Altura
Kilogramme	Quilogram
Kilomètre	Quilòmetre
Largeur	Amplada
Litre	Litre
Longueur	Llargada
Masse	Massa
Mètre	Metre
Minute	Minut
Octet	Byte
Once	Unça
Poids	Pes
Pouce	Polzada
Profondeur	Profunditat
Tonne	Tona
Volume	Volum

Meubles
Mobiliari

Armoire	Armari
Banc	Banc
Bibliothèque	Llibreria
Bureau	Escriptori
Canapé	Sofà
Chaise	Cadira
Commode	Vestidor
Coussins	Coixins
Étagères	Prestatges
Fauteuil	Butaca
Futon	Futon
Hamac	Hamaca
Lampe	Llum
Lit	Llit
Matelas	Matalàs
Miroir	Mirall
Oreiller	Coixí
Rideaux	Cortines
Tapis	Catifa

Méditation
La Meditació

Acceptation	Acceptació
Attention	Atenció
Calme	Calma
Clarté	Claredat
Compassion	Compassió
Émotions	Emocions
Éveillé	Despert
Gentillesse	Bondat
Gratitude	Agraïment
Habitudes	Hàbits
Mental	Mental
Mouvement	Moviment
Musique	Música
Nature	Naturalesa
Observation	Observació
Paix	Pau
Perspective	Perspectiva
Posture	Postura
Respiration	Respiració
Silence	Silenci

Météo
El Temps

Atmosphère	Ambient
Brise	Brisa
Brouillard	Boira
Calme	Calma
Ciel	Cel
Climat	Clima
Glace	Gel
Inondation	Inundació
Mousson	Monsó
Nuage	Núvol
Ouragan	Huracà
Polaire	Polar
Sec	Sec
Sécheresse	Sequera
Température	Temperatura
Tempête	Tempesta
Tonnerre	Tro
Tornade	Tornado
Tropical	Tropical
Vent	Vent

Mythologie
Mitologia

Archétype	Arquetip
Catastrophe	Desastre
Comportement	Comportament
Création	Creació
Créature	Criatura
Croyances	Creences
Culture	Cultura
Éclair	Llamps
Force	Força
Guerrier	Guerrer
Héros	Heroi
Immortalité	Immortalitat
Jalousie	Gelosia
Labyrinthe	Laberint
Légende	Llegenda
Magique	Màgic
Monstre	Monstre
Mortel	Mortal
Tonnerre	Tro
Vengeance	Venjança

Nature
Naturalesa

Abeilles	Abelles
Abri	Refugi
Animaux	Animals
Arctique	Àrtic
Beauté	Bellesa
Brouillard	Boira
Désert	Desert
Dynamique	Dinàmic
Érosion	Erosió
Feuillage	Fullatge
Fleuve	Riu
Forêt	Bosc
Glacier	Glacera
Nuage	Núvols
Paisible	Pacífic
Sanctuaire	Santuari
Sauvage	Salvatge
Serein	Serè
Tropical	Tropical
Vital	Vital

Nombres
Números

Cinq	Cinc
Deux	Dos
Décimal	Decimal
Dix	Deu
Dix-Huit	Divuit
Dix-Neuf	Dinou
Dix-Sept	Disset
Douze	Dotze
Huit	Vuit
Neuf	Nou
Quatorze	Catorze
Quatre	Quatre
Quinze	Quinze
Seize	Setze
Sept	Set
Six	Sis
Treize	Tretze
Trois	Tres
Vingt	Vint
Zéro	Zero

Nourriture #1
Menjar #1

Ail	All
Basilic	Alfàbrega
Café	Cafè
Cannelle	Canyella
Carotte	Pastanaga
Citron	Llimona
Épinard	Espinacs
Fraise	Maduixa
Jus	Suc
Lait	Llet
Navet	Nap
Oignon	Ceba
Orge	Ordi
Poire	Pera
Salade	Amanida
Sel	Sal
Soupe	Sopa
Sucre	Sucre
Thon	Tonyina
Viande	Carn

Nourriture #2
Menjar #2

Amande	Ametlla
Aubergine	Albergínia
Banane	Plàtan
Blé	Blat
Brocoli	Bròquil
Cerise	Cirera
Céleri	Api
Champignon	Bolet
Chocolat	Xocolata
Jambon	Pernil
Kiwi	Kiwi
Mangue	Mango
Oeuf	Ou
Pain	Pa
Poisson	Peix
Pomme	Poma
Poulet	Pollastre
Raisin	Raïm
Riz	Arròs
Tomate	Tomàquet

Nutrition
La Nutrició

Amer	Amarg
Appétit	Apetit
Calories	Calories
Comestible	Comestible
Diète	Dieta
Digestion	Digestió
Épices	Espècies
Équilibré	Equilibrat
Fermentation	Fermentació
Ingrédients	Ingredients
Liquides	Líquids
Poids	Pes
Protéines	Proteïnes
Qualité	Qualitat
Sain	Saludable
Santé	Salut
Sauce	Salsa
Saveur	Sabor
Toxine	Toxina
Vitamine	Vitamina

Océan
Oceà

Anguille	Anguila
Baleine	Balena
Bateau	Barca
Corail	Coral
Crabe	Cranc
Crevette	Gamba
Dauphin	Dofí
Éponge	Esponja
Huître	Ostra
Marées	Marees
Méduse	Meduses
Poisson	Peix
Poulpe	Pop
Requin	Tauró
Récif	Escull
Sel	Sal
Tempête	Tempesta
Thon	Tonyina
Tortue	Tortuga
Vagues	Ones

Oiseaux
Ocells

Aigle	Àguila
Autruche	Estruç
Canard	Ànec
Cigogne	Cigonya
Corbeau	Corb
Coucou	Cucut
Cygne	Cigne
Flamant	Flamenc
Héron	Agró
Manchot	Pingüí
Moineau	Pardal
Mouette	Gavina
Oeuf	Ou
Oie	Oca
Paon	Paó
Perroquet	Lloro
Pélican	Pelicà
Pigeon	Colom
Poulet	Pollastre
Toucan	Tucà

Outils
Eines

Agrafe	Grapa
Agrafeuse	Grapadora
Câble	Cable
Ciseaux	Tisores
Colle	Cola
Corde	Corda
Couteau	Ganivet
Échelle	Escala
Hache	Destral
Maillet	Mallet
Marteau	Martell
Pelle	Pala
Pinces	Alicates
Règle	Regle
Roue	Roda
Torche	Torxa
Vis	Cargol

Pays #2
Països #2

Albanie	Albània
Chine	Xina
Danemark	Dinamarca
France	França
Haïti	Haití
Indonésie	Indonèsia
Irlande	Irlanda
Jamaïque	Jamaica
Japon	Japó
Kenya	Kenya
Laos	Laos
Liban	Líban
Mexique	Mèxic
Ouganda	Uganda
Pakistan	Pakistan
Russie	Rússia
Somalie	Somàlia
Soudan	Sudan
Syrie	Síria
Ukraine	Ucraïna

Paysages
Paisatges

Cascade	Cascada
Colline	Turó
Désert	Desert
Estuaire	Estuari
Fleuve	Riu
Geyser	Guèiser
Glacier	Glacera
Grotte	Cova
Iceberg	Iceberg
Île	Illa
Lac	Llac
Marais	Pantà
Mer	Mar
Montagne	Muntanya
Oasis	Oasi
Péninsule	Península
Plage	Platja
Toundra	Tundra
Vallée	Vall
Volcan	Volcà

Pêche
La Pesca

Appât	Esquer
Bateau	Barca
Branchies	Brànquies
Crochet	Ganxo
Cuire	Cuiner
Eau	Aigua
Exagération	Exageració
Équipement	Equipament
Fil	Filferro
Fleuve	Riu
Lac	Llac
Mâchoire	Mandíbula
Océan	Oceà
Panier	Cistella
Patience	Paciència
Plage	Platja
Poids	Pes
Saison	Temporada

Pirates
Pirates

Ancre	Àncora
Aventure	Aventura
Capitaine	Capità
Carte	Mapa
Cicatrice	Cicatriu
Danger	Perill
Drapeau	Bandera
Épée	Espasa
Équipage	Tripulació
Grotte	Cova
Île	Illa
Légende	Llegenda
Mauvais	Dolent
Océan	Oceà
Or	Or
Perroquet	Lloro
Pièces	Monedes
Plage	Platja
Rhum	Rom
Trésor	Tresor

Plage
Platja

Bateau	Barca
Bleu	Blau
Côte	Costa
Crabe	Cranc
Dock	Moll
Île	Illa
Lagune	Llacuna
Mer	Mar
Nager	Nedar
Océan	Oceà
Parapluie	Paraigua
Récif	Escull
Sable	Sorra
Sandales	Sandàlies
Serviette	Tovallola
Soleil	Sol
Vacances	Vacances
Voilier	Veler

Plantes
Les Plantes

Arbre	Arbre
Baie	Baia
Bambou	Bambú
Botanique	Botànica
Buisson	Arbust
Cactus	Cactus
Engrais	Adob
Feuillage	Fullatge
Fleur	Flor
Flore	Flora
Forêt	Bosc
Grandir	Créixer
Haricot	Mongeta
Herbe	Herba
Jardin	Jardí
Lierre	Heura
Mousse	Molsa
Pétale	Pètal
Racine	Arrel
Végétation	Vegetació

Professions #1
Professions #1

Ambassadeur	Ambaixador
Astronome	Astrònom
Avocat	Advocat
Banquier	Banquer
Bijoutier	Joier
Cartographe	Cartògraf
Chasseur	Caçador
Danseur	Ballarina
Entraîneur	Entrenador
Éditeur	Editor
Géologue	Geòleg
Infirmière	Infermera
Médecin	Metge
Musicien	Músic
Pianiste	Pianista
Plombier	Lampista
Pompier	Bomber
Psychologue	Psicòleg
Scientifique	Científic
Vétérinaire	Veterinari

Professions #2
Professions #2

Astronaute	Astronauta
Bibliothécaire	Bibliotecari
Biologiste	Biòleg
Chercheur	Investigador
Chirurgien	Cirurgià
Dentiste	Dentista
Détective	Detectiu
Enseignant	Professor
Illustrateur	Il·lustrador
Ingénieur	Enginyer
Inventeur	Inventor
Jardinier	Jardiner
Journaliste	Periodista
Linguiste	Lingüista
Médecin	Metge
Peintre	Pintor
Philosophe	Filòsof
Photographe	Fotògraf
Pilote	Pilot
Zoologiste	Zoòleg

Randonnée
Senderisme

Animaux	Animals
Bottes	Botes
Camping	Càmping
Carte	Mapa
Climat	Clima
Eau	Aigua
Falaise	Penya-Segat
Fatigué	Cansat
Guides	Guies
Lourd	Pesat
Météo	Temps
Montagne	Muntanya
Nature	Naturalesa
Orientation	Orientació
Parcs	Parcs
Pierres	Pedres
Préparation	Preparació
Sauvage	Salvatge
Soleil	Sol
Sommet	Cimera

Remplir
Per Omplir

Baril	Barril
Bassin	Conca
Boîte	Caixa
Bouteille	Ampolla
Dossier	Carpeta
Enveloppe	Sobre
Navire	Vaixell
Panier	Cistella
Paquet	Paquet
Plateau	Safata
Poche	Butxaca
Pot	Pot
Sac	Bossa
Seau	Cubell
Tiroir	Calaix
Tube	Tub
Valise	Maleta
Vase	Gerro

Restaurant #1
Restaurant #1

Allergie	Al·lèrgia
Assiette	Placa
Bol	Bol
Café	Cafè
Caissier	Caixer
Couteau	Ganivet
Cuisine	Cuina
Dessert	Postres
Épicé	Picant
Ingrédients	Ingredients
Menu	Menú
Nourriture	Menjar
Pain	Pa
Poulet	Pollastre
Réservation	Reserva
Sauce	Salsa
Serveuse	Cambrera
Serviette	Tovalló
Viande	Carn

Restaurant #2
Restaurant #2

Boisson	Beguda
Chaise	Cadira
Cuillère	Cullera
Déjeuner	Dinar
Délicieux	Deliciós
Dîner	Sopar
Eau	Aigua
Épices	Espècies
Fourchette	Forquilla
Fruit	Fruita
Gâteau	Pastís
Glace	Gel
Légumes	Verdures
Nouilles	Fideus
Oeuf	Ous
Poisson	Peix
Salade	Amanida
Sel	Sal
Serveur	Cambrer
Soupe	Sopa

Salle de Bains
Bany

Bain	Bany
Bulles	Bombolles
Ciseaux	Tisores
Douche	Dutxa
Eau	Aigua
Éponge	Esponja
Évier	Pica
Lotion	Loció
Miroir	Mirall
Parfum	Perfum
Robinet	Aixeta
Savon	Sabó
Serviette	Tovallola
Shampooing	Xampú
Tapis	Catifa
Toilette	Vàter
Vapeur	Vapor

Science
Ciència

Atome	Àtom
Chimique	Químic
Climat	Clima
Données	Dades
Expérience	Experiment
Évolution	Evolució
Fait	Fet
Fossile	Fòssil
Gravité	Gravetat
Hypothèse	Hipòtesi
Laboratoire	Laboratori
Méthode	Mètode
Minéraux	Minerals
Molécules	Molècules
Nature	Naturalesa
Observation	Observació
Organisme	Organisme
Particules	Partícules
Physique	Física
Scientifique	Científic

Science-Fiction
Ciència Ficció

Atomique	Atòmic
Cinéma	Cinema
Explosion	Explosió
Extrême	Extrem
Fantastique	Fantàstic
Feu	Foc
Futuriste	Futurista
Galaxie	Galàxia
Illusion	Il·lusió
Imaginaire	Imaginari
Livres	Llibres
Monde	Món
Mystérieux	Misteriós
Oracle	Oracle
Planète	Planeta
Réaliste	Realista
Robots	Robots
Scénario	Escenari
Technologie	Tecnologia
Utopie	Utopia

Sports
Esports

Arbitre	Àrbitre
Athlète	Atleta
Base-Ball	Beisbol
Basket-Ball	Bàsquet
Championnat	Campionat
Entraîneur	Entrenador
Équipe	Equip
Gagnant	Guanyador
Golf	Golf
Gymnase	Gimnàs
Gymnastique	Gimnàstica
Hockey	Hoquei
Jeu	Joc
Joueur	Jugador
Mouvement	Moviment
Nager	Nedar
Stade	Estadi
Tennis	Tennis
Vélo	Bicicleta

Surf
Navegació

Amusement	Diversió
Athlète	Atleta
Champion	Campió
Débutant	Principiant
Estomac	Estómac
Extrême	Extrem
Force	Força
Foules	Multituds
Météo	Temps
Mousse	Escuma
Nager	Nedar
Océan	Oceà
Plage	Platja
Populaire	Popular
Récif	Escull
Style	Estil
Vague	Ona
Vitesse	Velocitat

Technologie
Tecnologia

Blog	Blog
Caméra	Càmera
Curseur	Cursor
Données	Dades
Écran	Pantalla
Fichier	Arxiu
Internet	Internet
Logiciel	Programari
Message	Missatge
Navigateur	Navegador
Numérique	Digital
Octets	Bytes
Ordinateur	Ordinador
Recherche	Recerca
Sécurité	Seguretat
Statistiques	Estadístiques
Virtuel	Virtual
Virus	Virus

Temps
Temps

Année	Any
Annuel	Anual
Après	Després
Avant	Abans
Bientôt	Aviat
Calendrier	Calendari
Décennie	Dècada
Futur	Futur
Heure	Hora
Hier	Ahir
Horloge	Rellotge
Jour	Dia
Maintenant	Ara
Matin	Matí
Midi	Migdia
Minute	Minut
Mois	Mes
Nuit	Nit
Semaine	Setmana
Siècle	Segle

Types de Cheveux
Tipus de Cabell

Argent	Plata
Blanc	Blanc
Blond	Ros
Boucles	Rínxols
Brillant	Brillant
Chauve	Calb
Coloré	Color
Court	Curt
Doux	Suau
Épais	Gruix
Frisé	Arrissat
Gris	Gris
Long	Llarg
Marron	Marró
Mince	Prim
Noir	Negre
Ondulé	Ondulat
Sain	Saludable
Sec	Sec
Tressé	Trenat

Vacances #2
Vacances #2

Aéroport	Aeroport
Camping	Càmping
Carte	Mapa
Destination	Destinació
Étranger	Estranger
Hôtel	Hotel
Île	Illa
Loisir	Oci
Mer	Mar
Passeport	Passaport
Plage	Platja
Restaurant	Restaurant
Réservations	Reserves
Taxi	Taxi
Tente	Tenda
Train	Tren
Transport	Transport
Vacances	Vacances
Visa	Visat
Voyage	Viatge

Vertus #1
Virtuts #1

Artistique	Artístic
Bon	Bé
Charmant	Encantador
Curieux	Curiós
Décisif	Decisiu
Drôle	Divertit
Efficace	Eficient
Fiable	Fiable
Généreux	Generós
Imaginatif	Imaginatiu
Indépendant	Independent
Intelligent	Intel·ligent
Modeste	Modest
Passionné	Apassionat
Patient	Pacient
Pratique	Pràctic
Propre	Net
Sage	Savi
Utile	Útil

Véhicules
Vehicles

Ambulance	Ambulància
Avion	Avió
Bateau	Barca
Bus	Autobús
Camion	Camió
Caravane	Caravana
Ferry	Ferri
Fusée	Coet
Hélicoptère	Helicòpter
Métro	Metro
Moteur	Motor
Navette	Trasllat
Pneus	Pneumàtics
Radeau	Bassa
Scooter	Scooter
Sous-Marin	Submarí
Taxi	Taxi
Tracteur	Tractor
Vélo	Bicicleta
Voiture	Cotxe

Vêtements
Roba

Bracelet	Polsera
Ceinture	Cinturó
Chapeau	Barret
Chaussure	Sabata
Chemise	Camisa
Chemisier	Brusa
Collier	Collaret
Foulard	Bufanda
Gants	Guants
Jeans	Texans
Jupe	Faldilla
Manteau	Abric
Mode	Moda
Pantalon	Pantalons
Pull	Suèter
Pyjama	Pijama
Robe	Vestit
Sandales	Sandàlies
Tablier	Davantal
Veste	Jaqueta

Ville
Ciutat

Aéroport	Aeroport
Banque	Banc
Bibliothèque	Biblioteca
Boulangerie	Fleca
Cinéma	Cinema
Clinique	Clínica
École	Escola
Fleuriste	Florista
Galerie	Galeria
Hôtel	Hotel
Librairie	Llibreria
Marché	Mercat
Musée	Museu
Pharmacie	Farmàcia
Restaurant	Restaurant
Stade	Estadi
Supermarché	Supermercat
Théâtre	Teatre
Université	Universitat
Zoo	Zoològic

Félicitations

Vous avez réussi !

Nous espérons que vous avez apprécié ce livre autant que nous avons pris plaisir à le concevoir. Nous faisons de notre mieux pour créer des livres de la meilleure qualité possible.
Cette édition est conçue pour permettre un apprentissage intelligent et de qualité en se divertissant !

Vous avez aimé ce livre ?

Une Simple Demande

Nos livres existent grâce aux avis que vous publiez. Pourriez-vous nous aider en laissant un avis maintenant ?

Voici un lien rapide qui vous mènera à votre page d'évaluation de vos commandes :

BestBooksActivity.com/Avis50

CHALLENGE FINAL !

Défi n°1

Êtes-vous prêt pour votre jeu bonus ? Nous les utilisons tout le temps mais ils ne sont pas si faciles à trouver. Voici les **Synonymes** !

Notez 5 mots que vous avez trouvés dans les puzzles notés ci-dessous (n°21, n°36, n°76) et essayez de trouver 2 synonymes pour chaque mot.

Notez 5 Mots du *Puzzle 21*

Mots	Synonyme 1	Synonyme 2

Notez 5 Mots du *Puzzle 36*

Mots	Synonyme 1	Synonyme 2

Notez 5 Mots du *Puzzle 76*

Mots	Synonyme 1	Synonyme 2

Défi n°2

Maintenant que vous vous êtes échauffé, notez 5 mots que vous avez découverts dans les Puzzles n° 9, n° 17, n° 25 et essayez de trouver 2 antonymes pour chaque mot. Combien pouvez-vous en trouver en 20 minutes ?

Notez 5 Mots du **Puzzle 9**

Mots	Antonyme 1	Antonyme 2

Notez 5 Mots du **Puzzle 17**

Mots	Antonyme 1	Antonyme 2

Notez 5 Mots du **Puzzle 25**

Mots	Antonyme 1	Antonyme 2

Défi n°3

Formidable ! Ce défi final n'est rien pour vous.

Prêt pour le dernier défi ? Choisissez 10 mots que vous avez découverts parmi les différents puzzles et notez-les ci-dessous.

1.	6.
2.	7.
3.	8.
4.	9.
5.	10.

Maintenant, composez un texte en pensant à une personne, un animal ou un lieu que vous aimez !

Astuce: Vous pouvez utiliser la dernière page de ce livre comme brouillon !

Votre Composition :

CARNET DE NOTES :

À TRÈS BIENTÔT !

Toute l'équipe

DECOUVREZ DES JEUX GRATUITS

GO

↓

BESTACTIVITYBOOKS.COM/FREEGAMES